数学世界探险记

稀奇古怪的单位

刘修博 编译

图书在版编目(CIP)数据

稀奇古怪的单位/刘修博编译. —哈尔滨:哈尔滨工业大学出版社,2012.4(2013.7 重印)
(数学世界探险记)
ISBN 978-7-5603-2892-8

Ⅰ.①稀… Ⅱ.①刘… Ⅲ.①数学-少年读物
Ⅳ.①O1-49

中国版本图书馆 CIP 数据核字(2012)第 265280 号

策划编辑 甄淼淼 刘培杰
责任编辑 王勇钢
出版发行 哈尔滨工业大学出版社
社　　址 哈尔滨市南岗区复华四道街 10 号 邮编 150006
传　　真 0451-86414749
网　　址 http://hitpress.hit.edu.cn
印　　刷 哈尔滨市工大节能印刷厂
开　　本 787mm×1092mm 1/16 印张 9.625 字数 152 千字
版　　次 2012 年 4 月第 1 版 2013 年 7 月第 3 次印刷
书　　号 ISBN 978-7-5603-2892-8
定　　价 198.00 元(套)

编者的话

我曾在中国生活到大学毕业，中学毕业于一所省级重点中学，数学一直是我的一个弱项，尽管后来我考入了西南交通大学，但数学一直困扰着我，回想起近20年学习数学的经历，我现在才认识到是小学时没能激发起学习数学的兴趣，当时的小学课本及“文化大革命”后期的数学老师讲解过于枯燥。

大学毕业后，我到了日本，发现日本有许多数学课外书编的很生动、有趣，而且图文并茂，我的小孩很爱读。

新闻业有一句听上去很绝望的格言，叫做“给我一个故事，看在上帝的份上，把它讲得有趣些”这句话其实更应对数学界说。近年来，我成立了翻译公司便着手开始编译了这套适合中、日儿童的少年科普图书。

这套丛书共由十册组成。

第一册　有趣的四则运算。

第二册　各种各样的单位。

第三册　恼人的小数分数。

第四册　稀奇古怪的单位。

第五册　有关图形的游戏。

第六册　神奇莫测的箱子。

第七册　隐藏起来的数字。

第八册　妙趣横生的集合。

第九册　上帝创造的语言。

第十册　超常智力的测验。

这套书的读者对象是少年儿童，所以选择以探险为故事情节。

有人说儿童总是显得比成年人勇敢，恰似小型犬总是比大型犬显得勇敢，可是宠物专家说，那不是勇敢，只是容易激动。儿童比成人有好奇心，就让这难得的好奇心带着儿童走进数学的殿堂。

刘修博

2013年1月于日本

这本书一开头老子就出来了，也许不顺眼，请原谅。

这些探险队的家伙们，不完全是吹牛，据说下面将要探险一些新的单位。不过，事情并非那么容易!

这本书里所涉及的长度、面积和体积等，并不是一眼就能看懂的，表面看起来，都是很难理解的呀。

像浓度啦、密度啦……你们都没听说过吧。这些内容就更难啦，活该!一定有哭鼻子的或逃跑的。

哈哈，哈哈，哈哈哈哈……

诸位也许没有被小黑怪吓得发抖吧。

瞧，探险队由开心博士带队出发啦!

大块头　这么早，究竟去哪儿?

嘟　嘟　学习数学呗，要是在开心博士的工室或在学校的教室里做当然好……可就是困哪。

萨　沙　今天不是研究数学，一定是野游。

米丽娅　那么，新单位的探险，一定是喜鹊教的啦。

开心博士　今天探险单位，我认为乘电车啦，见习工厂啦，到田野去啦，直接看看听听，比面对桌子能理解得快。因此，从现在起，我们走出去，到劳动人民当中去。

罗伯特　一边了解社会，一边研究数学，不是很有趣吗？

（探险队向车站走去，你也快去吧。在车站里首先干什么呢？）

稀奇古怪的单位

目 录

(瞧，探险队的队员们在站前广场召开作战会议，已经开始了，往下看吧。)

胖噜噜　怎么?一开始就出来这么多难以理解的词语啊。

米丽娅　平均，平均值，概率，……实在难啊!

(还是像小黑怪说的那样，也许真得哭着回去了。尽管探险队员发些牢骚，但这毕竟是一支顽强的队伍。)

开心博士　啊，到站台买票去。

我们乘的是下行电车，
所以有空位。
上早班的叔叔真多呀！
唉呀，挤出来啦！

开心博士　上行车是到市中心去的，总是满员的。在早晨客流高峰时，上行和下行拥挤状况的区别是一目了然的。那么下面的场合怎样呢？

（大家顺着开心博士指的方向一看……（请看下面绘的图）。同时乘两组电车的人们分别在检票口排队。）

开心博士　哪个电车拥挤呀？

（米丽娅迅速地举起手。这个很简单，是不言而喻的。）

上行的电车

下行的电车

48人

23人

在站台对拥挤情况的研究

电车向下一个站驶去，到那时，开心博士对拥挤情况的研究，就会深化起来……

那么，大家瞧瞧并考虑一下，哪个电车拥挤呢？

拥挤情况的研究①：车辆数相同，乘客数不同的情况。

拥挤情况的研究②：车辆数不同，乘客数相同的情况。

拥挤情况的研究③：车辆、乘客数均相同的情况。

拥挤情况的研究④：车辆多、乘客少；车辆少、乘客多的情况。

拥挤情况的研究⑤：车辆多、乘客也多；车辆少、乘客也少的情况。

拥挤情况的研究⑥：与研究⑤相同，怎么样?

罗伯特　研究①的情况是车辆数相同，所以乘客人数多的一方是拥挤的。34人和36人，36人一方稍拥挤些。

米丽娅　研究②是乘客数相同，所以车辆多的一方就轻松些。

萨　沙　研究③是拥挤情况相同。

大块头　研究④稍微难些。那就是车辆很多而乘客少，自然非常轻松了。而车辆少，乘客多当然拥挤了。

胖噜噜　我仔细琢磨了研究⑤和⑥，可还是不知道哪一方拥挤。

嘟　嘟　乘客多的一方拥挤呀。

胖噜噜　可车辆数不同，我觉得就不能那样说了。

罗伯特　56人乘4辆车，45人乘3辆车……啊!已经稍明白些了。

米丽娅　车辆数相同，乘客数多少不一样，拥挤情况马上就清楚了。

萨　沙　如果车辆数不同，而乘客数相同，这也能马上清楚。

（探险队员们对研究⑤像是感到困难。那么，大家看看怎么样？哪个拥挤呀，能比较出来吗？）

（有一天，从来没有过的，喜鹊叼来一张纸。）

喜　鹊　喂！请看这个（走向站长办公室，从站长那儿领取一张表）。这就是昨天的调查，从8点5分到8点50分的上行电车的乘客人数统计表，谁晓得哪个最拥挤呀？

时刻	8时5分	8时20分	8时40分	8时50分
车辆数	9辆	9辆	6辆	6辆
乘客数	1 890人	1 350人	1 350人	1 290人

米丽娅　8点5分和8点20分发的电车车辆数相同，而乘客数是8点5分发的多，因此，8点5分发的车拥挤。

萨　沙　嗯，还有，8点20分和8点40分发的车，乘客数不是一样吗？由于8点20分发的车辆多，自然轻松啦。

罗伯特　使用不等号，将拥挤的一方用大于符号表示出来。

8点5分发的车 > 8点20分发的车
8点20分发的车 < 8点40分发的车
8点40分发的车>8点50分发的车
有这个表就清楚啦。

萨　沙　嗯，的确，不过8点5分和8点40分发的车，8点20分和8点50分发的车，似乎不能比。那么，究竟怎么比好呢？

开心博士　暂且不管，去乘下行电车；在电车里好好考虑吧。于是受到了启示，那么，使用除法求其平均量，不就能比较了吗?

罗伯特　啊，是吗!如果说出每辆车乘多少人的话，再用车辆数除乘客数，就求出每辆车的平均人数了。

米丽娅　明白了。那么，运用除法吧。

(于是，三个人计算起来，乘客数÷车辆数，求出每辆车的乘客数。见下表。)

时刻	8时5分	8时20分	8时40分	8时50分
每辆车平均的乘客数	1 890人÷9辆=210人/辆	1 350人÷9辆=150人/辆	1 350人÷6辆=225人/辆	1 290人÷6辆=215人/辆

罗伯特　到此，拥挤情况不是完全明白了吗?最拥挤的是8点40分发的车呀。

萨　沙　最轻松的是8点20分发的车。这样不仅一看就懂，而且思路也清楚。

开心博士　以后学习各种各样的单位，如果想想今天对拥挤情况的研究，就很简单了。(开心博士边望着明亮的窗外，边无拘无束地说着)大家已经明白了吧。对站台研究⑤和⑥求出每辆的乘客数，就能比较出拥挤情况。

那样说的话，最初，小黑怪说过，“只看是不能懂的”，是这样吧。

(不知不觉来到一个村庄，这儿有广阔的麦田，微风吹拂，金色的麦浪翻滚，空气立刻清新起来了。)

下表是下行车数和乘客数的比较。哪个最拥挤，哪个最轻松?

时刻	8时10分	8时25分	8时45分	8时55分
车辆数	6辆	8辆	6辆	8辆
乘客数	450人	792人	792人	960人

关于拥挤情况的谈话

(电车一直前进，大家都已经处于旅游的气氛之中。)

开心博士　大家不仅看清楚了电车的拥挤情况，而且能用平均量进行比较了，其他东西也是这样吗？

罗伯特　难哪……

萨　沙　有那样的事吗？

(大家还在考虑电车的拥挤情况。于是开心博士提供了要点。)

开心博士　刚才是电车的拥挤情况，可是，乘汽车或乘别的什么不也一样吗？不都是一回事吗？

罗伯特　浴池的顾客数是怎样的呢？

开心博士　据说那儿也是一样拥挤呀！

米丽娅　去公园的孩子们的人数不也是那样的吗？

开心博士　是的，是的，都是一个道理。

萨　沙　像某种容器装进去东西的数量那样，比如，水槽中的鱼的数量啦，不也是那样的吗？

开心博士　是的。萨沙今天考虑的是平均量的重要性质。特别是装入东西的多少不同的情况，必须用单位的平均

量进行比较。当然，不限于装入的东西。除此之外，大面积的小麦和水稻等的产量；各国每人平均所占有的土地面积；更难的是像汽车、自行车、飞机的速度等。

(在电车里，探险队的谈话高涨起来。开心博士让大家考虑一下关于表示平均量的简单方法。)

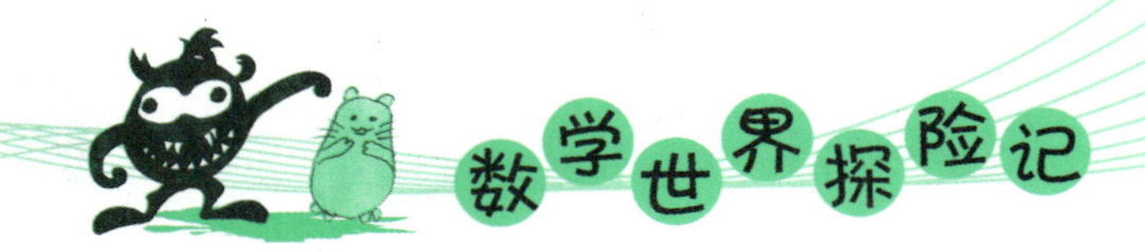

在麦田对产量多少的研究

(下了电车，在晴朗的天空下，麦穗呈现出一片金色的光泽。收割机忙着收割。一个男人笑着走过来。)

男　人　啊，开心博士。我正在恭候您的光临。

开心博士　您正忙着，打扰了。今年小麦收成怎么样?

男　人　啊，与往年差不多呀。现在我想起去年制定的小麦产量统计表，可以成为探险队的资料。

哪家产量最高?

下面是那个产量表：

农家名	Ⓐ	Ⓑ	Ⓒ	Ⓓ
耕作面积	9 a	6 a	6 a	5 a
产　量	126 kg	126 kg	168 kg	155 kg

开心博士　请比较一下产量情况。

罗伯特　Ⓐ和Ⓑ家比较，是Ⓑ家产量高。

萨　沙　Ⓑ和Ⓒ家，耕地面积相同，Ⓒ家的产量多得多呀。

米丽娅　那么，在这个表里，Ⓓ家的产量情况和其他农户就不好比较了。所以必须计算出每1 a的平均产量是多少。

萨　沙　嗯，产量÷耕作面积。这就能计算了吧?

开心博士　那么就……

(于是取出纸和钢笔。)

开心博士　求每1 a平均产量情况的计算，看图就容易理解了。比较一下Ⓒ家和Ⓓ家的产量情况吧。

(于是，开心博士画了下面的图。)

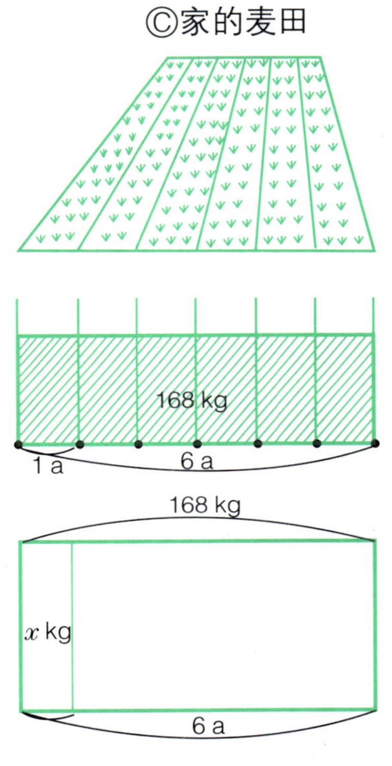

168 kg ÷ 6a=28 kg / a

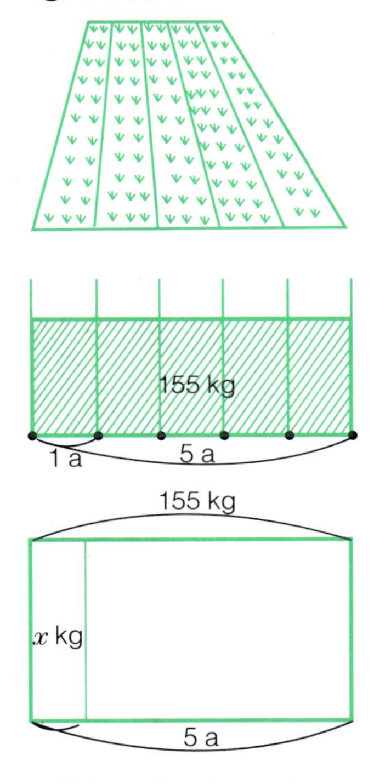

155 kg ÷ 5a=31 kg / a

开心博士　到此，已经明确了Ⓓ家比Ⓒ家的平均产量高。这个产量情况就叫做收获度。以后就叫收获度。

Ⓒ　哎呀，Ⓓ没在家。他是个了不起的热心研究者。

开心博士　28 kg/a就是表示1 a平均产量是28 kg；读作28 千克每公亩。

可是，图中出现了x记号，这个记号叫做未知数，通常用它表示不知道的数。

在空中撒农药

（走出广阔的水田。突然听到飞机发动机的声音，往上一看，是小型飞机。一边飞着一边撒下弥漫物。）

罗伯特　那一定是农药啊。

嘟　嘟　公害！公害！（嘟嘟赶紧躲开。）

开心博士　据说农药对于农作物是可以增产的，可是，它能使蜻蜓和蝴蝶变少，鱼也减少了。人们知道了农药的危害是个大问题，因此，研制无害的、清洁的农药，已成为全世界的课题。

再者，使用多少农药，调查看看吧。下表是A先生、B先生、C先生三家农田面积和一年里使用农药的量。请比较各户都使用了多少农药。

农民名	A先生	B先生	C先生
农药量	45 kg	112 kg	156 kg
耕地面积	3 ha	7 ha	12 ha

米丽娅　若求出每1 ha平均农药量，就能进行比较了。

开心博士　是的，那么解释下图看看吧。(于是开心博士解释下面的图和式子。)

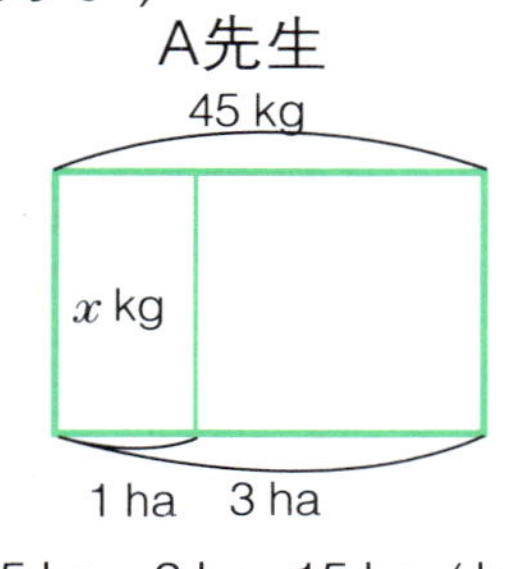

45 kg ÷ 3 ha=15 kg / ha

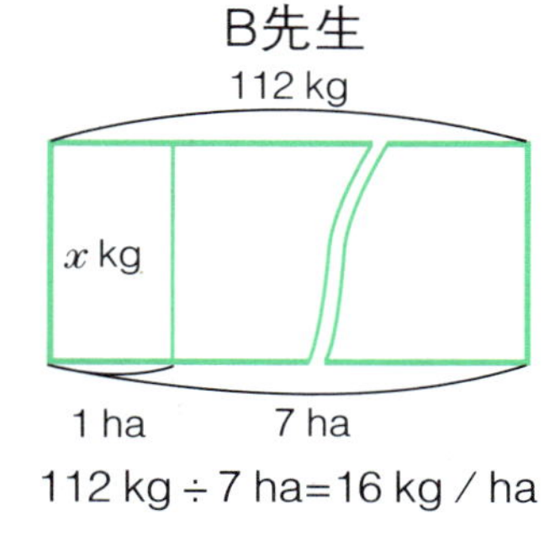

112 kg ÷ 7 ha=16 kg / ha

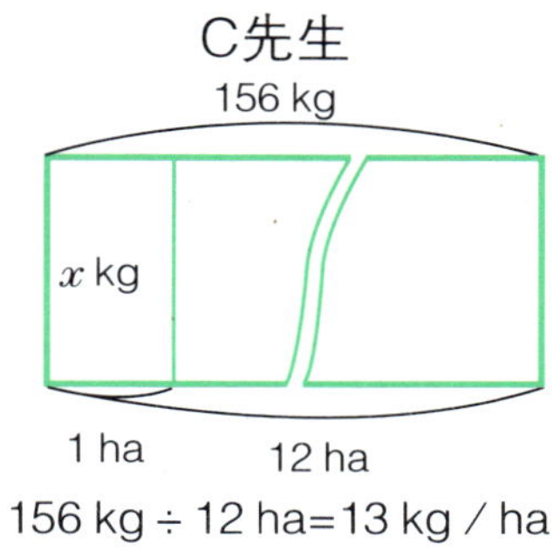

156 kg ÷ 12 ha=13 kg / ha

萨　沙　我明白啦，开心博士。B先生每公顷是16 kg，是使用农药最多的了。

开心博士　是的，是这样。世界各国在农药和其他肥料的使用方面往往有所不同，请看下面的比较表。

国名	日 本	德国	英 国	法 国	美 国
一年用的农药量	240×10^4 t	272×10^4 t	182×10^4 t	400×10^4 t	1520×10^4 t
耕作的土地面积	6×10^4 km^2	8×10^4 km^2	7×10^4 km^2	20×10^4 km^2	190×10^4 km^2

开心博士　那么，能比较了吗?

罗伯特　哎，如果计算出各个国家平均1×10^4km^{2}的农药量，就可以了。

米丽娅　大家计算看看吧。

(于是三个人大胆地计算起来。你也计算一下吧，然后在下文的空格处，填进相应的文字或数字。)

米丽娅　□是使用农药最多的，每10^4km^{2}为□$\times10^4$ t。

萨　沙　使用农药最少的国家是□，从多的开始，依次是□,□,□,□,□。

开心博士　各个国家的情况就这样，清楚了吧。

罗伯特　美国耕作的土地面积约是日本的□倍，而平均1×10^4km^{2}所使用的农药是日本的□呢。

大块头和拖拉机

由于回到Ⓒ先生家，看到了庭院里有一台拖拉机，大块头非常高兴。得到Ⓒ先生的允许，立刻跳上拖拉机开始耕田去了。在这里，Ⓒ先生提出问题。

Ⓒ 我家和Ⓓ家拖拉机汽油的消耗量如右表所示，使用汽油最多的是哪一家？

	使用汽油量	耕种面积
Ⓒ	2.34 l	1.8 a
Ⓓ	1.3 l	0.5 a

萨　沙　出现小数啦，好像很难，所以绘图看看吧。

罗伯特　那可以啊。

①Ⓒ家　　　　②Ⓓ家

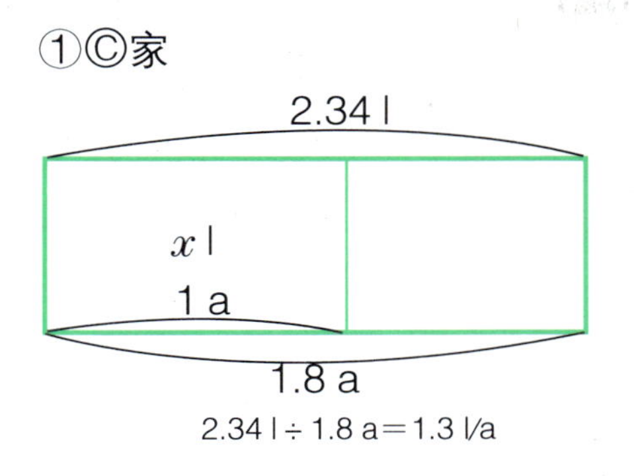

$2.34\ \text{l} \div 1.8\ \text{a} = 1.3\ \text{l/a}$

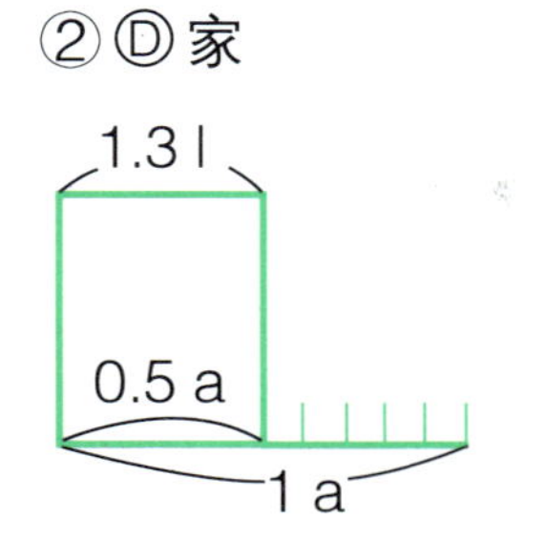

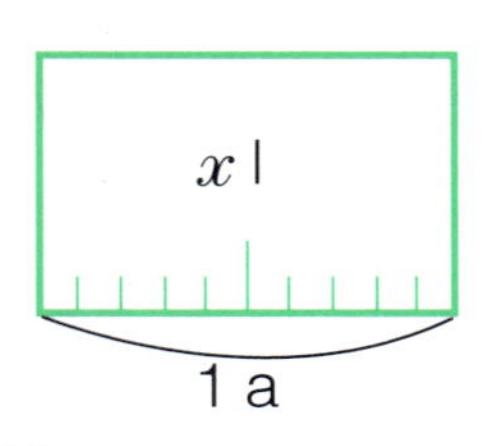

$1.3\ \text{l} \div 0.5\ \text{a} = 2.6\ \text{l/a}$

罗伯特　啊，算出来了，也是小数。求出每公亩的耗油量就可以了。Ⓓ家的拖拉机消耗汽油多。

萨　沙　比1小的数是分数，只是解答的方法增多了吗?做小数的除法，可不能丧失信心呀。

米丽娅　求每公亩的耗油量，即使增加也可以呀。小数的除法，注意小数点的位置是很重要的。

我是喜鹊，是一个对小数除法没有信心的人，希望去看看第三册。

1. Ⓔ家和Ⓕ家，今年小麦的产量，如右表所示。各家每公顷平均产多少吨小麦?

农家名	Ⓔ家	Ⓕ家
耕地面积	4.3 ha	2.4 ha
小麦的产量	13.76 t	7.2 t

2. 苹果园有3.5 ha土地，生产出700 kg苹果。问每公顷土地产多少千克苹果?

3. 耕地面积和使用肥料的量如右表所示。求每公顷耕地使用多少千克肥料?

	肥料量	耕地面积
A	964 kg	4 ha
B	840 kg	3.5 ha
C	650 kg	2.6 ha

平均是多少?

铝和铜哪个沉?

(午后，探险队乘汽车到城镇附近的金属工厂去见习。这还是一个崭新的现代化的工厂呢!)

开心博士　这个工厂配有完善的防止公害的设备，是个模范工厂。

米丽娅　好漂亮的工厂呢!

(大家随着开心博士来到了工厂。工厂的大门口设休息室，橱窗用珍奇的矿石和金、银装饰着。)

开心博士　由于金属的种类不同，即使体积相同各自的质量也是不一样的。请比较铝制硬币和铜制硬币哪个质量大！(见下表)

	质　量	体　积
铝制硬币	13.5 g	5 cm^3
铜制硬币	62.3 g	7 cm^3

米丽娅　求出每1 cm^3的平均质量一看就比较出来了。

萨　沙　嗯。画图就容易明白了。

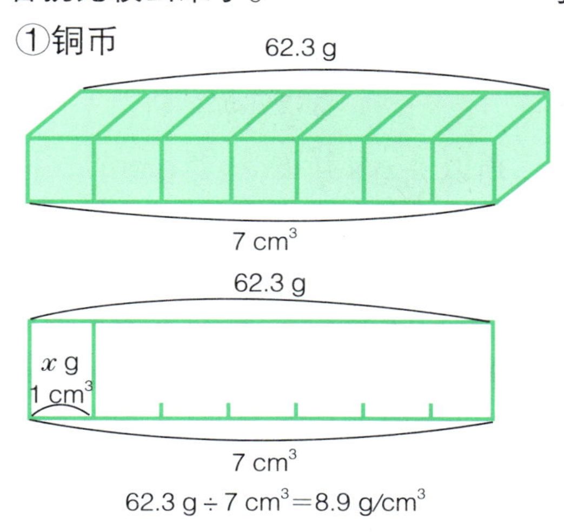

62.3 g ÷ 7 cm^3＝8.9 g/cm^3

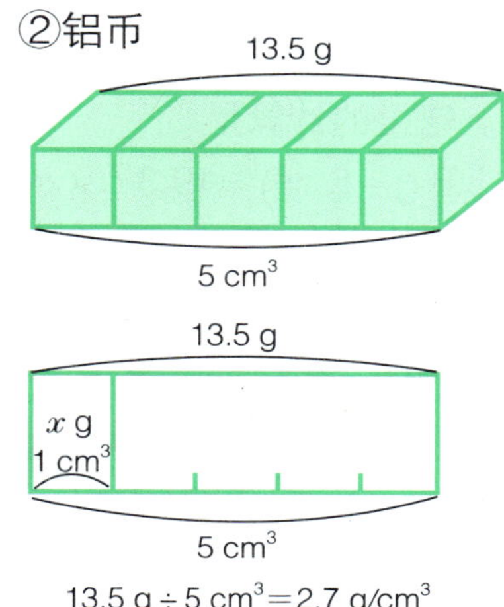

13.5 g ÷ 5 cm^3＝2.7 g/cm^3

萨　沙　因为铜每立方厘米平均是8.9 g，铝每立方厘米平均是2.7 g，所以铜的质量是铝的3倍多呢。

开心博士　做得很好。像这样对不同的物质，求出的每立方厘米的平均质量就叫做物质的密度。

罗伯特　密度用质量 ÷ 体积就能求出来啦。

开心博士　就是这样，轻的软木塞也有密度。软木塞的密度是0.22 g/cm^3。

比较金属的质量

	质量	体积	密度(g / cm³)
金	115.8 g	6 cm^3	
铁	25.28 g	3.2 cm^3	
白金(铂)	85.2 g	4 cm^3	
铀	14.96 g	0.8 cm^3	
铅	$\frac{2}{3}$ g	$\frac{1}{17}$ cm^3	
银	$3\frac{1}{3}$ g	$\frac{5}{16}$ cm^3	
亚 铅	14.91 g	2.1 cm^3	

开心博士　上面是各种各样金属的质量和体积，表右侧的空白是密度栏。求出它们的密度并把它填在空栏里。

萨　沙　金的密度如下图所表示的那样。密度的计算是

$$115.8\ g \div 6\ cm^3 = 19.3\ g / cm^3$$

米丽娅　我计算铅的密度。质量和体积都用分数表示出来的，可计算方法是相同的。密度的计算是

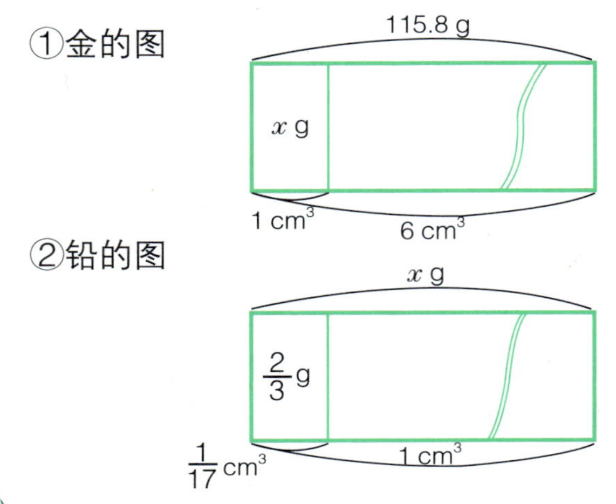

$$\frac{2}{3}\ g \div \frac{1}{17}\ cm^3$$

所以$\frac{2}{3}$ g$\times\frac{17}{1}$ cm^3=$\frac{34}{3}$g/cm^3，把$\frac{34}{3}$换算成小数，四舍五入到小数第1位，所以是11.3g/cm^3。

开心博士　是的，把它画成图，像左下方的图那样，这也是多位除法的好例子。

罗伯特　我用作图看出铁的密度。计算是

$$25.28\ g \div 3.2\ cm^3 = 7.9\ g / cm^3$$

与金的密度19.3 g / cm^3比较，铁是最轻的了。啊，那么请填进空格里。密度也很有趣啊！

平均给多少钱合适

(一出工厂，在那开阔地的栅栏对面，立着“OO工厂建设基地”告示牌。)

开心博士　考虑一下关于土地的价钱。土地面积有4 500 m^2，工厂厂长想用765万元买下这块地，请计算一下每平方米是多少钱。

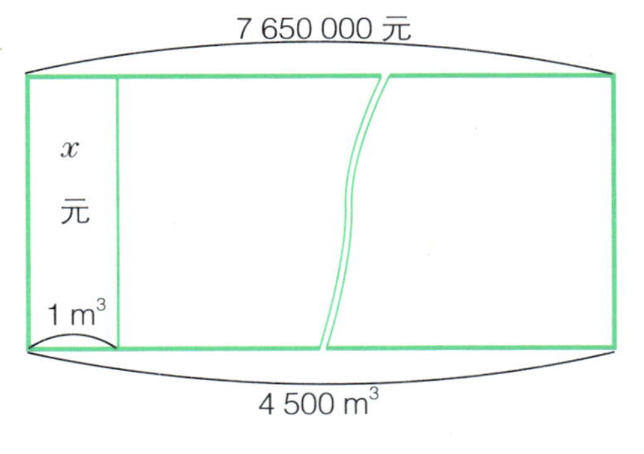

算式：7 650 000元÷4 500 m^2=1 700元／m^2

答：　1 700元／m^2。

萨　沙　算完了。答案为1 m^3是1 700元。

开心博士　是这样的。就价格而言，其他如水费和煤气费，用钱数÷体积也能求出来。希望回家看看水表和煤气表，每立方米是多少钱；调查一下很有意思，而米的价格用钱数÷质量也能求出来。

米丽娅　如果不计算出每千克的平均价格，是不能比较价格贵还是便宜的。

1. 下表是大米的产量和播种面积表。请计算每万公顷的平均产量。

地　名	*A*地	*B*地	*C*地	*D*地	*E*地
产　量	60×10^4 t	54×10^4 t	34×10^4 t	71×10^4 t	17×10^4 t
播种面积	14.5×10^4 ha	11×10^4 ha	9×10^4 ha	14.7×10^4 ha	4.2×10^4 ha

2.有体积是5 cm^3、质量是44.5 g的铜和体积是3.5 cm^3、质量是27.51 g的铁，求各自1 cm^3的质量。

3.某先生的汽车跑80 km，使用了5.2 l汽油，这辆汽车跑1 km，使用多少升汽油?

4. 三人往围墙上抹涂料。围墙的面积和使用涂料的量，像右表那样。求每1 m^2使用涂料的量，并进行比较。

	围墙的宽度	涂 料 量
A	18 m^2	2.52 l
B	23 m^2	3.25 l
C	15 m^2	2.7 l

5. 4 ha水田产12.6 t稻米，求1 ha水田产多少稻米?

6. 下表是某个国家每年所有交通事故统计表，求各年度每天平均伤亡人数，看看是否逐年增加?

年份	1978年	1979年	1980年	1981年
交通事故伤亡人数	60.3万人	60.5万人	60.7万人	61.5万人

7. 看下图用文字写出问题来。

①汽油和前进的距离　　②布的价格　　③涂料的使用量

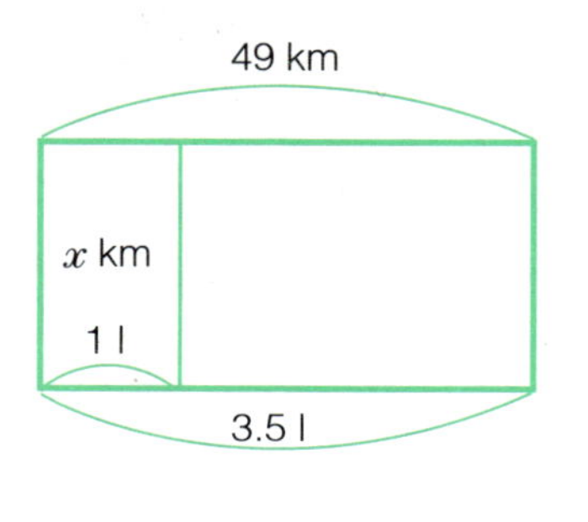

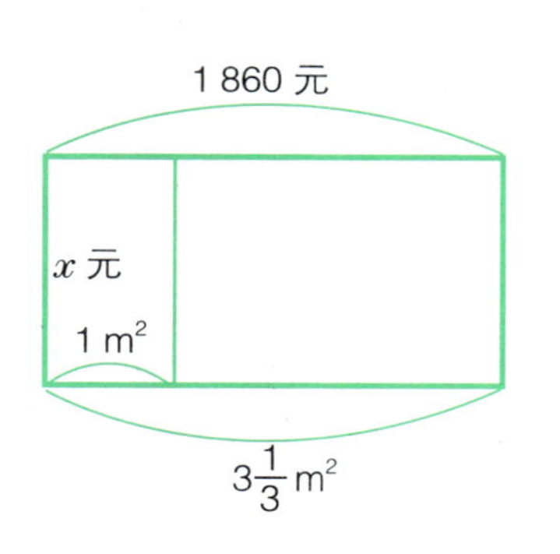

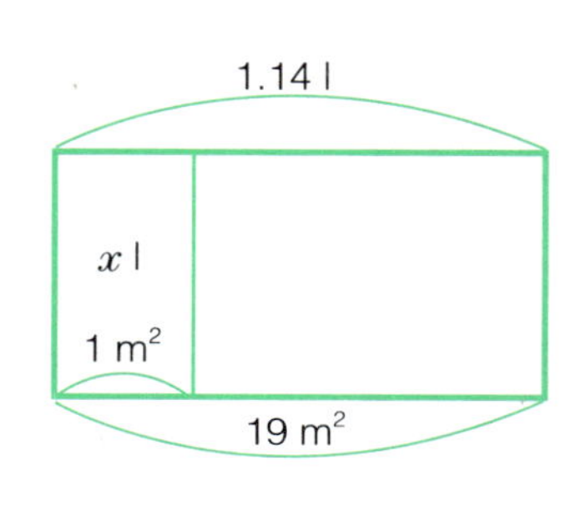

(结束时，开心博士带领大家来到山上漂亮的冷饮厅。一边喝着冰凉的果汁水，一边吃着冰淇淋……)

萨　沙　开心博士，以后学习单位就用您说的“看看听听”，马上就会明白的，实在太妙了。今天就看到、听到许多新鲜的事情，真是有趣极了。

罗伯特　小黑怪说过，只看是不能理解的，现在我才好不容易理解他的意思。无论金属还是麦田都包含着度量。

米丽娅　那么，如果求出平均量的话，就容易多了。

求总体的量

(出了冷饮厅，展现在眼前的像个小镇或村庄。这是新建立起来的工业住宅区，远方连着旱田和水田，更远的是散落的农家，眼前是小豆地。山的下面是通往工业住宅区和继续修筑的公路。)

米丽娅　我们有兴趣了解街道和村庄的各种事情。

罗伯特　嗯，从市政府和学校图书馆等处收集各种资料，以便对话时用。

萨　沙　我长大啦，想当老师。

米丽娅　为什么?

(萨沙红着脸回答道。)

萨　沙　是的，我好像喜欢上数学了。

(当天，他们收集了很多资料，于是，第二天……)

大家自由研究

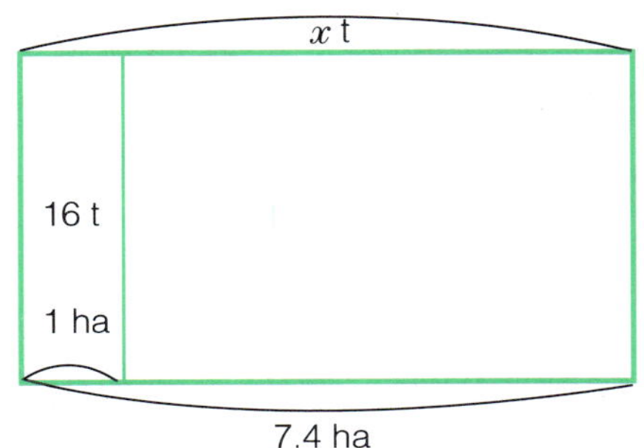

16 t / ha × 7.4 ha=118.4 t

答：118.4 t。

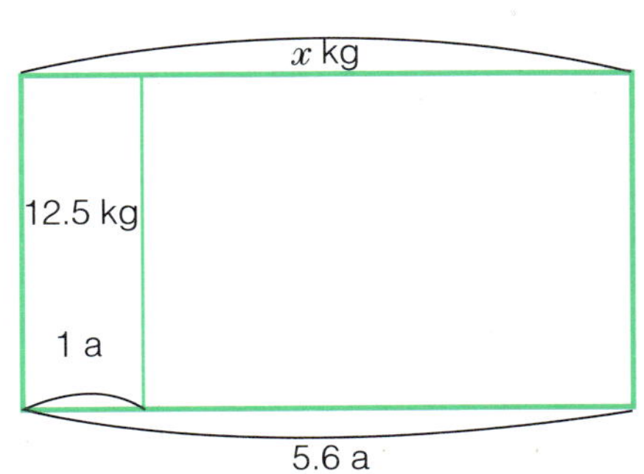

12.5 kg / a × 5.6 a=70 kg

答：70 kg。

萨　沙　在镇郊的苹果园里，听说每公顷生产16 t苹果，镇里有7.4 ha苹果园，求总共产苹果多少吨?

罗伯特　到现在只是用除法求平均量，下一回完全相反了。

米丽娅　开始知道了平均每公顷的产量，如果求总产量，这里是要用乘法运算的。

萨　沙　嗯，一点不错，就是这样。

罗伯特　计算如左侧那样，求出总产量118.4 t。

萨　沙　是，就是那样。

米丽娅　看到了5.6 a小豆地。据说，每公亩产小豆12.5 kg，求这块地共产多少小豆?

萨　沙　这也是求总量的问题啊。

罗伯特　每公亩平均是12.5 kg，5.6 a呢? 所以这也是乘法。

萨　沙　是小数乘法呀，12.5 kg/a乘以5.6 a就行了。嗯，于是，计算结果是70 kg。

米丽娅　是的，萨沙真能成为数学老师啦。

萨　沙　嘿嘿嘿……

罗伯特　我了解了筑路工程队修的那条路，每平方米用了120 kg混凝土，道路的面积是8 962.7 m^2，请问总共需用多少吨混凝土。

米丽娅　这好算。

萨　沙　这也是已知每1 m^2的平均量，求总量的问题。在米丽娅被表扬时，我计算啦，也是乘法。

120 kg / m^2 × 8 962.7 m^2 =

1 075 524 kg

啊，已经做完了。

米丽娅　说呀，萨沙，是多少吨？我听听。

萨　沙　啊，是吗？1 t是1 000 kg，所以变成小数啦，1 075.524 t。又做错了。

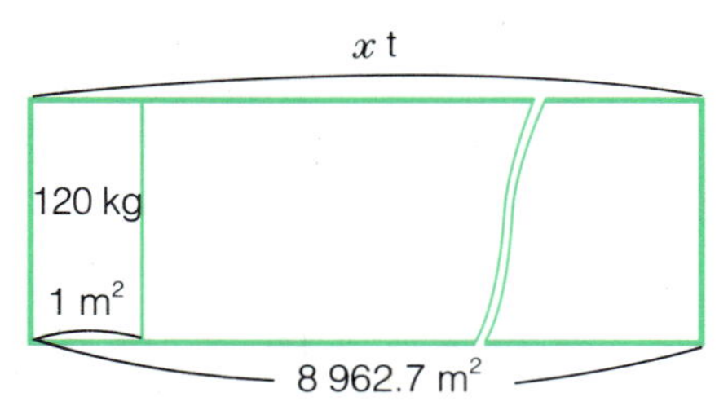

120 kg / m^2 × 8 962.7 m^2=

1 075 524 kg =

1 075.524 t

答：1 075.524 t。

1. 每1 ha旱田产2.5 t甜菜。3.5 ha，4 ha，0.5 ha旱田各产多少甜菜？

2. 右表里有各种金属每立方厘米的平均质量和体积，求每种金属的质量是多少？

金属的名称	铁	亚铅	水银
每立方厘米平均质量	7.86 g	7.12 g	$13\frac{3}{5}$ g
体　　积	3.4 cm^3	15.1 cm^3	$\frac{1}{3}$ cm^3
质　　量			

3. 小明家有5.3 a大豆地，1 a年平均产大豆13.1 kg，小明家一年大豆的产量是多少？

大块头　下表是工厂工人每个人平均每小时的工薪，各厂的情况不大相同，按一天工作八小时计算，下表中各厂的工人一天的工薪是多少？

工厂	每个工人每小时工资
A	11.94 元
B	16.48 元
C	16.44 元
D	12.56 元
E	12.18 元

罗伯特　大块头专能研究难题呀。

米丽娅　知道了，已知每小时平均的工薪，就能求出八小时的啦，这也是乘法。

萨　沙　A厂的情况是

11.94 元/h × 8 h=95.52 元

罗伯特　B厂的情况是

16.48 元/h × 8 h=131.84 元

米丽娅　C厂的情况是

16.44 元/h × 8 h=131.52 元

做完了。

60 min × 24=1 440 min

大块头　A厂是最低的呢。其他工厂的，让读这本书的小朋友们自己做吧，哪个工厂工人一天的工薪最高？

嘟　嘟　我也能研究啦，计算看看吧。我1 min跑了160 m，那么我一天24 h跑了多少米？

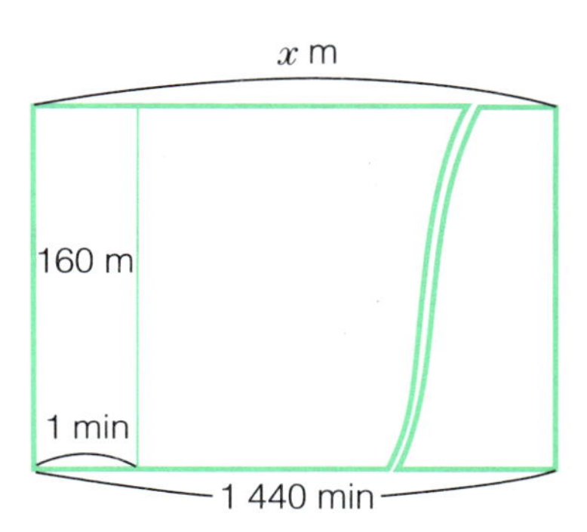

160 m / min × 1 440 min=230 400 m

萨　沙　24 h是多少分钟？60 min × 24 = 1 440 min，160 m / min × 1 440 min好大的数字呀，是230 400 m！

米丽娅　然而这个问题不准确。

嘟　嘟　你一天24 h能连续跑吗？不可能吧。干别的事也不可能。于是嘟嘟不好意思地低下头。

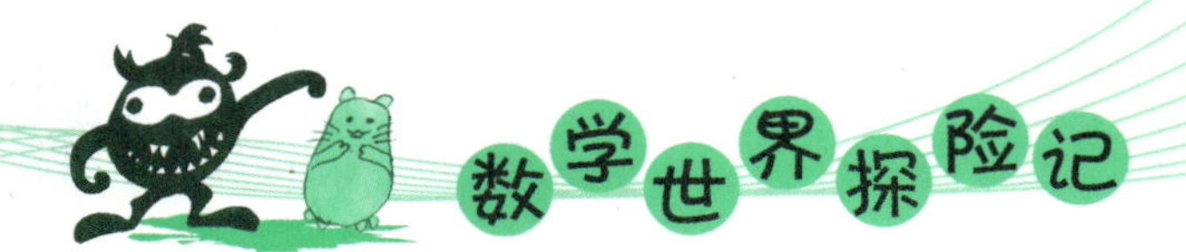

胖噜噜　我来研究吃的问题。下表是研究各个国家的人，每人每日摄取的热量，一年作为365天，试比较各国人在一年里从食物中摄取多少热量?

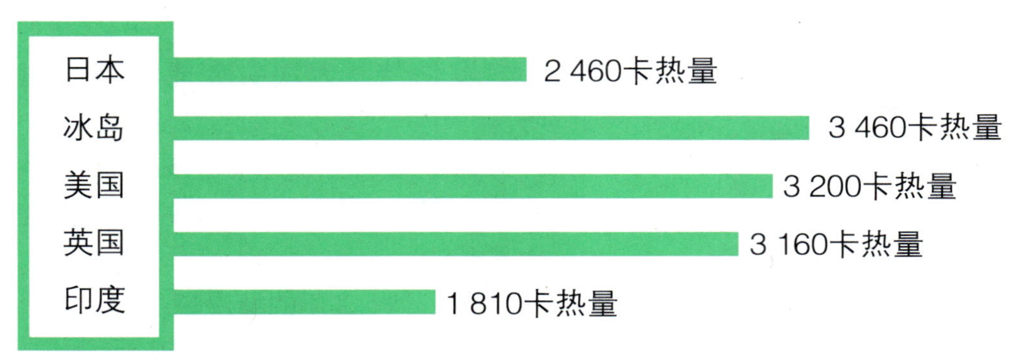

（1969年）

· 日本（罗伯特计算）

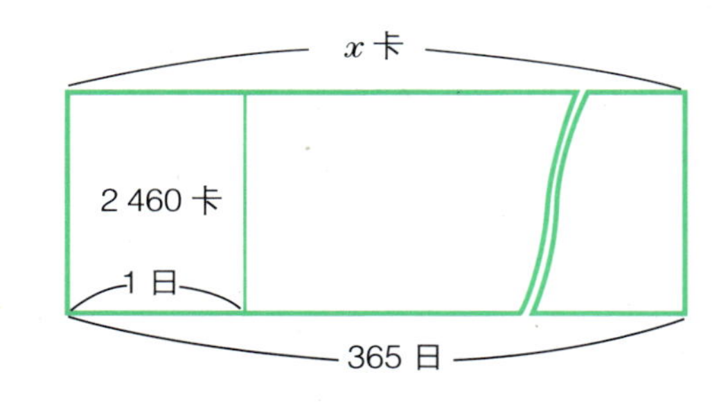

2 460 卡/日 × 365 日=

897 900 卡=897.79 千卡

· 冰岛（米丽娅计算）

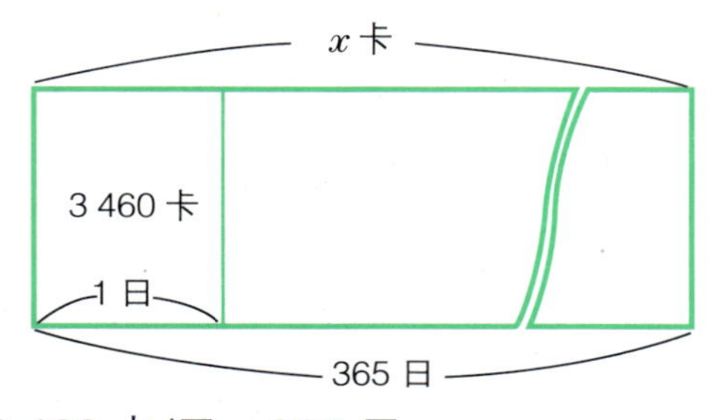

3 460 卡/日 × 365 日=

1 262 900 卡=1 262.9 千卡

米丽娅　这也是求总量的运算。

萨　沙　日本人热量摄取仅多于印度。

嘟　嘟　可是，要是日本的孩子们担心没有好吃的，那么印度的孩子们就更担心了。

米丽娅　日本人吃鱼比吃含热量高的肉多。一定……

罗伯特　就那样比呀!计算计算!(于是，大家制了左面的图，列出式子，整整齐齐的计算起来，并且认真检查是否有不准确的地方。)

•美国(萨沙计算)
3 200 卡／日×365 日=
1 168 000 卡=1 168 千卡

•英国(嘟嘟计算)
3 160 卡／日×365 日=
1 153 400 卡=1 153.4 千卡

•印度(大块头计算)
1 810 卡／日×365 日=
660 650 卡=660.65 千卡

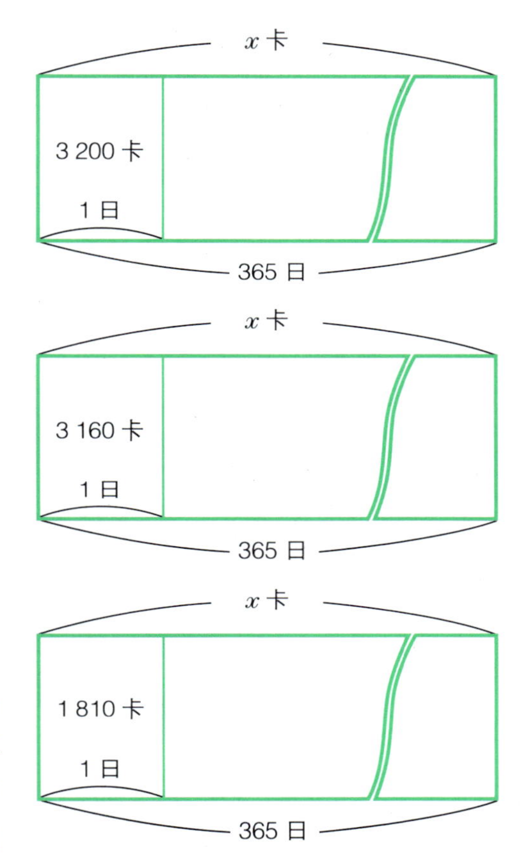

喜鹊诸位，求总量的计算很容易做，所以，在这儿休息一会儿怎么样，下面是真正简单的问题，只做下面三个题好吗?

1.牛奶每1 cm^3的质量是10.3 g，求72 cm^3牛奶的质量是多少克?

2.下表是比较五种食品热量的平均量。试求各种食品125 g的热量。

糯米豆馅点心	羊　羹	威法饼	带馅面包	蛋　糕
2.8 卡	2.9 卡	4.9 卡	2.6 卡	3.2 卡

3. 有1 m^2 质量是$2\frac{2}{5}$ kg的玻璃板。那么3 m^2，4.5 m^2，20 m^2的玻璃板各为多少千克?

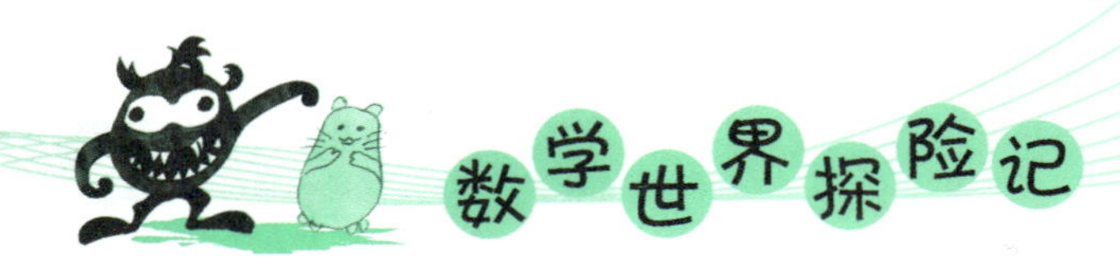

求多少份

(今天，从早晨就去郊外，大家都兴致勃勃的……。哎呀，那郊外有许多植物呀。大家乘坐着拖拉机……)

(司机要把我们拉到我们认识的那个老实的农民家去。)

嘟　嘟　既然天空这么美丽，我给大家唱首歌吧。

(大家听着嘟嘟抑扬顿挫的歌声，拖拉机轰轰隆隆地在宽敞的大道上行驶着。)

（司机从容地把拖拉机开到了农民家。）

农　民　大家知道调整水稻生产这码事吗？现在水稻生产过剩，所以政府每年都考虑削减水稻的产量……

米丽娅　嗯，从父亲那儿听到有这回事。

农　民　我家水田平均1ha收获量是4.5 t，今年的产量必须控制到13.5 t。这样一来，水田的面积必须控制到多少公顷呢?能用计算解答吗?

米丽娅　好像是很难的问题呢。

开心博士　请认真思考一下，能解开的。

萨　沙　用图考虑吧。现在知道这块水田的收获度4.5t/ha和产量13.5 t，哎，只解释图，还是不会计算。

罗伯特　我认为这是乘法。瞧，在图上看，不是求总量吗?

13.5 t × 4.5t / ha=60.75 ha

米丽娅　简直滑稽，4.5t / ha是收获度，而 4.5 t / ha × 60.75 ha=273.375 t 计算结果不符合题意呀，这应该是除法。收获度×面积=产量，因此，面积=产量÷收获度，所以答案是3 ha。

萨　沙　米丽娅的计算是正确的，怎么样，通过验算看看就知道了。啊，请大家也验算一下，就弄清楚了。

· 萨沙的图

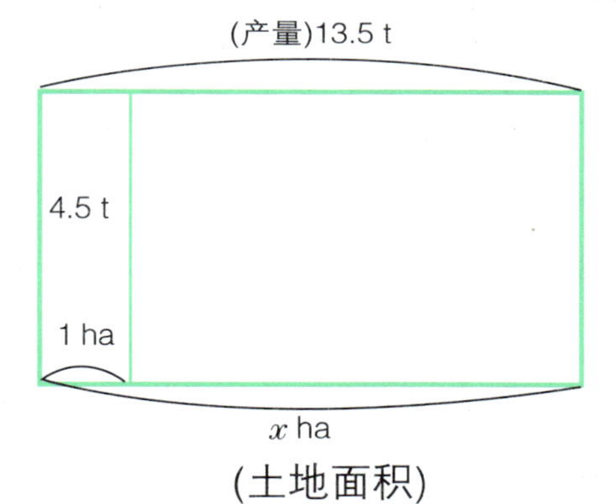

（土地面积）

· 罗伯特的思考

13.5 t × 4.5 t/ha=
60.75 ha

答：60.75 ha。

· 米丽娅的计算

13.5 t ÷ 4.5 t/ha=3 ha

答：3 ha。

萨　沙　验算是按收获度×面积=产量计算，因此

4.5 t／ha×3 ha=13.5 t

吻合了呀。还是米丽娅了不起呀，这样的难题都能解决。

开心博士　考虑收获度的时候，用这三种类型计算就明白了。请看右图。

第一图是求平均量(收获度)的计算。求每公顷是多少产量时，用除法。

第二图是求总量的计算，这是用乘法。

第三图是像农民提出那样的问题，求多少份的计算。已知平均量，而且也知道总产量，这样求出多少份就可以了，就明确了计划。

罗伯特　考虑一下最初做过的有关电车拥挤情况的题吧，“平均每辆乘60人，乘客是240人，需要分乘几辆电车?”这个问题的计算是

240人÷60人／辆=4辆

所以，类似的问题就要用除法计算。

开心博士　是的，所谓“多少份”，换句话说就是“共分多少份”。共分多少份“面积”，“共需多少车辆”，“总长分几份”，这样的计算就是第三种类型。

第一图：求单位平均量(收获度)

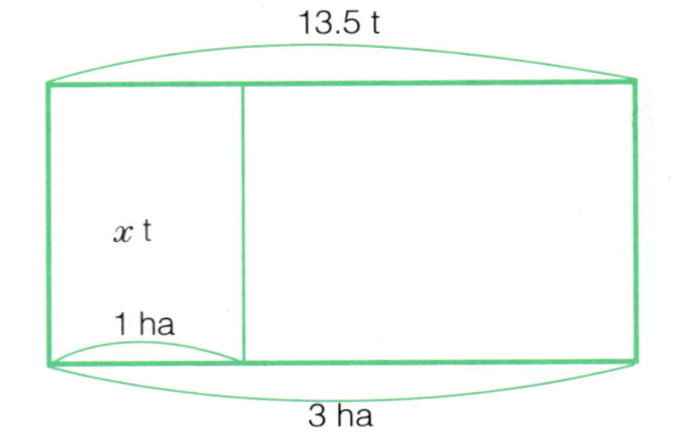

产量÷面积=单位平均量

13.5 t÷3 ha=4.5 t／ha

第二图：求总量

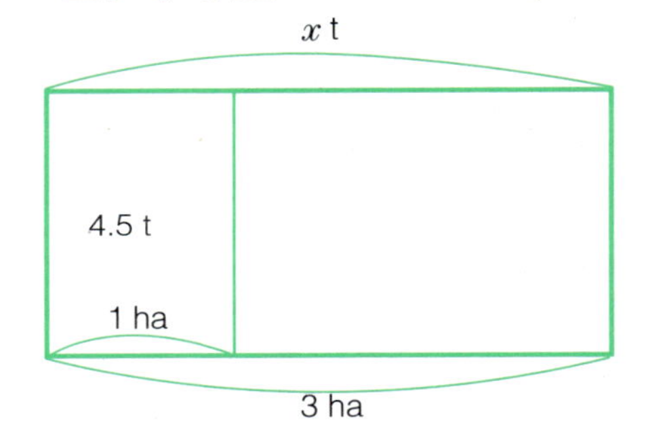

单位平均量×面积=产量(总量)

4.5 t／ha×3 ha=13.5 t

第三图：求 多少份

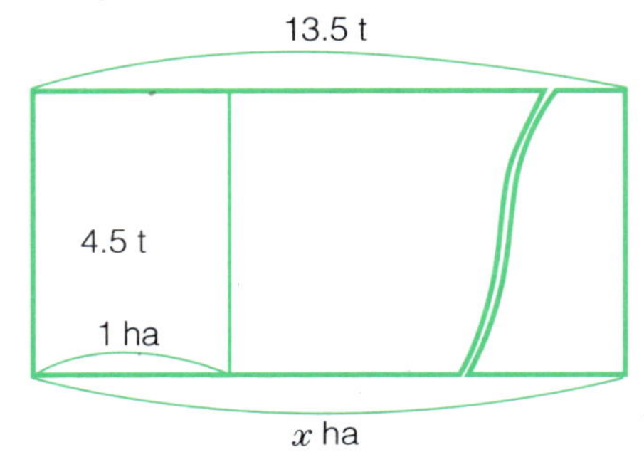

产量÷单位平均量=面积(多少份)

13.5 t÷4.5 t／ha=3 ha

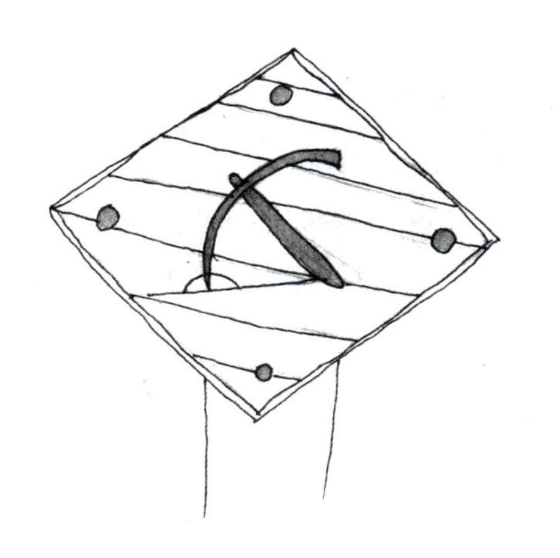

(拖拉机正飞快地向前跑着，突然发现前面的工地里立着许多木牌子。)

农　民　从这走一定要慢点儿开。

萨　沙　请稍等一会儿。

(他好像想起了什么，迅速地跳下拖拉机。)

(有一台搅拌机正停在那儿。萨沙向那位司机打了招呼。)

萨　沙　您好。这台搅拌机一次能搅拌多少混凝土呢?

司　机　噢，能搅10 t呢。

萨　沙　铺一平方米路要使用多少混凝土呢?

(司机吃了一惊，眨了眨眼睛。)

司　机　啊，每平方米需100 kg。

萨　沙　用这个能够出一道题了。让我说一下，就是每平方米使用100 kg，那么假定一台搅拌机搅拌出10 t混凝土的话，能铺多少平方米的路呢?

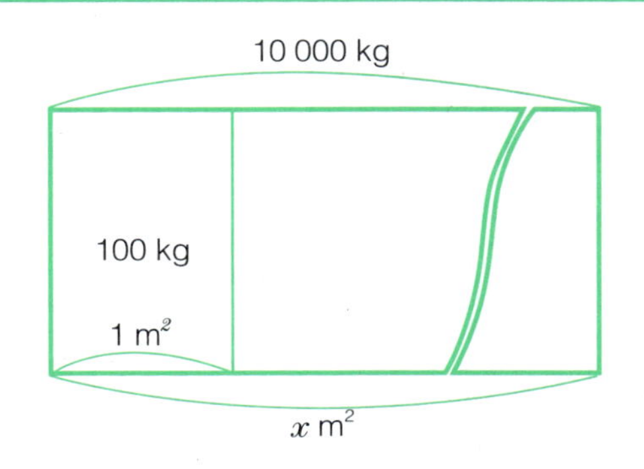

$$10\,000\ \text{kg} \div 100\ \text{kg}/\text{m}^2 = 100\ \text{m}^2$$

答：$100\ \text{m}^2$。

罗伯特　这是很有趣的问题呢。

米丽娅　求多少份的问题。嗯，像解释左侧的图那样，然后，根据10 t是10 000 kg列出算式。

罗伯特　计算得很好。对萨沙的挑战，不能负气……啊，出来了！答案是$100\ \text{m}^2$。

萨　沙　计算得真快呀。

农　民　那么开车啦。(农民微笑着说。)

(发现旱田对面有一个孤零零的加油站。)

农　民　诸位，很抱歉，恰好那儿有个加油站，我们必须到那里去。

萨　沙　加油吗?

农　民　嗯。今天早晨没加油。

(于是拖拉机在加油站跟前停了车。年轻的服务员马上迎出来。)

服务员　啊，是您呀!

(罗伯特向服务员打听。)

罗伯特　一般的轿车，用1 dl汽油能跑多少路程?

服务员　噢，用1 dl汽油能跑1.2 km左右吧。

罗伯特　从A市到B市是多少米?

服务员　大约是580 km吧。

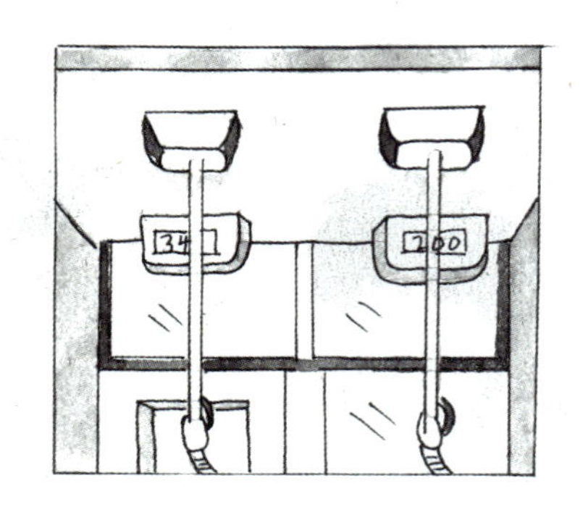

罗伯特　解释一下可以吗?有一台轿车，用1 dl汽油跑了1.2 km的路，那么，这台车从A市到B市共要跑580 km的路，需要多少汽油呢?

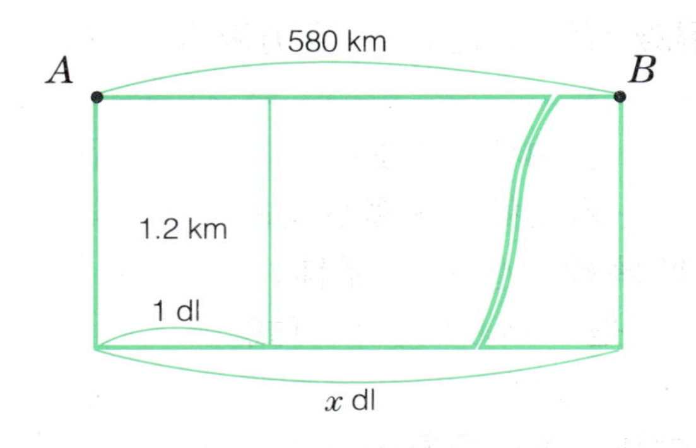

580 km ÷ 1.2 km / dl=483.3 dl

答：48.4 l。

米丽娅　这是驾车旅游的计划问题。

萨　沙　在旅游出发之前,必须知道需要多少汽油。

米丽娅　要列出求多少份的算数式

x=580 km ÷ 1.2 km / dl

怎么样?

萨　沙　嗯。答案应取过剩近似值，即为484 dl。

罗伯特　希望用升回答。

萨　沙　是嘛，1 l是10 dl，所以是48.4 l。

(一会儿拖拉机经过一个大工厂旁边。这个工厂比前面看到那个工厂大得多呀。)

农　民　去工厂见习一下吧。这里是制造铜线和铁板的。

(说着走进工厂，锻烧着火红的铁板，在钢轨上滑动着。米丽娅与一位工人搭上话啦)

米丽娅　那个薄铁板质量是多少?

工　人　是125 g。

米丽娅　铁每1 cm^3的质量呢?

工　人　嗯，每1 cm^3的铁是7.86 g。

米丽娅　这就能出个题了。

米丽娅　有每1 cm^3的质量7.86 g的铁125 g，求其体积是多少?

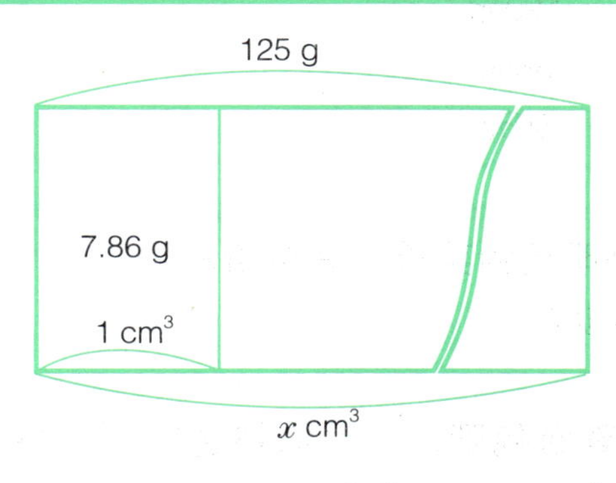

$125\ g \div 7.86 g/cm^3 \approx 15.9\ cm^3$

答：15.9 cm^3。

罗伯特　这样的题已经不成问题啦。列式是

$$125\ g \div 7.86\ g/cm^3$$

用四舍五入求到小数第一位，是15.9 cm^3。

萨　沙　是这样的。

现有每1 cm平均为5.4 g的铜线297 g，求这根铜线的长度是多少厘米?

(农民眯着眼睛看着大家说道。)

农　民　这个工厂有个很好的食堂，到那儿去吃饭吧。

嘟　嘟　好哇，好哇。

(贪吃的嘟嘟表现出极大的兴致朝食堂走去。胖厨师特意走过来征求意见。问大家想吃点什么，有鸡蛋饭，菜肉蛋卷，汉堡包等，可以给大家定做。)

厨师长　不过，请看下表。

咖喱饭(240人份)预算表

买的材料	每1 kg价格	预　算	买 多 少
面　包	10元	35元	
咖　喱	60元	240元	
猪　肉	35元	300元	
元　葱	5元	120元	
马铃薯	4元	85元	
胡萝卜	6元	50元	

厨师长　这是明天的菜单，有单价和预算，那么各种材料要买多少?

· 面包(罗伯特计算)

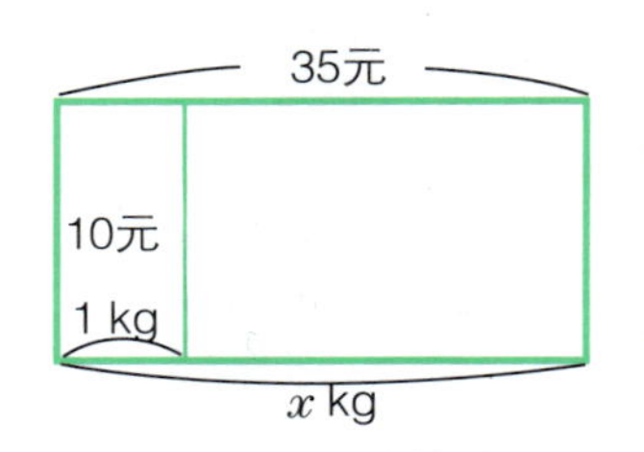

罗伯特　我计算面包吧。(罗伯特边吃着蛋卷边说。)

罗伯特　这是求份数的计算。用每1 kg价格预算的钱，建立算式

$$35元 \div 10元/kg = x\ kg$$

是3.5 kg。

厨师长　是这样的。

$35元 \div 10元/kg = 3.5\ kg$

米丽娅　所说的咖喱，买带盒的和不带盒的有什么不同？

厨师长　实话说是一样的，我也用每盒100 g的咖喱。

• 咖喱(米丽娅计算)

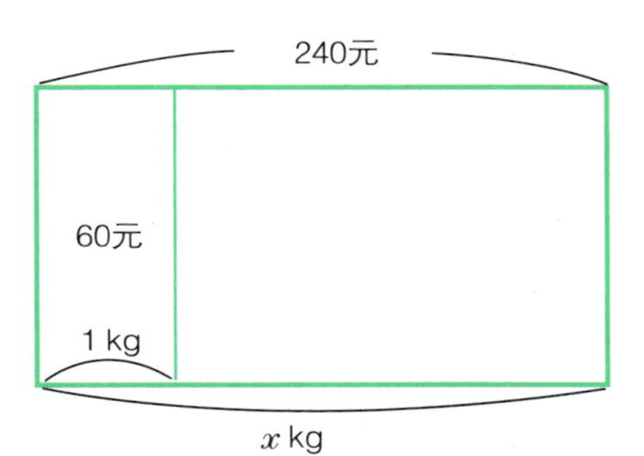

240元 ÷ 60元 / kg=4 kg

米丽娅　列式是

240元 ÷ 60元 / kg

计算结果是4 kg。

厨师长　就说4 kg，以一盒100 g计算，一共能装多少盒？

米丽娅　是40盒，那怎么用啊？

萨　沙　因为那是240人份。

厨师长　可在街上卖的咖喱，就没有那个味道，再说也有各种使用诀窍。

嘟　嘟　怎么样？让我也计算吧，咖喱饭是我最喜爱吃的。让我计算猪肉和元葱给你们看看好吗？

(虽然下面是嘟嘟的计算，可你能立即知道嘟嘟错在哪里吗？)

嘟嘟的计算

• 猪肉

300元

35元

1 kg　　x kg

35元 / kg × 300元=10 500 kg

答：10.5 t。

• 元葱

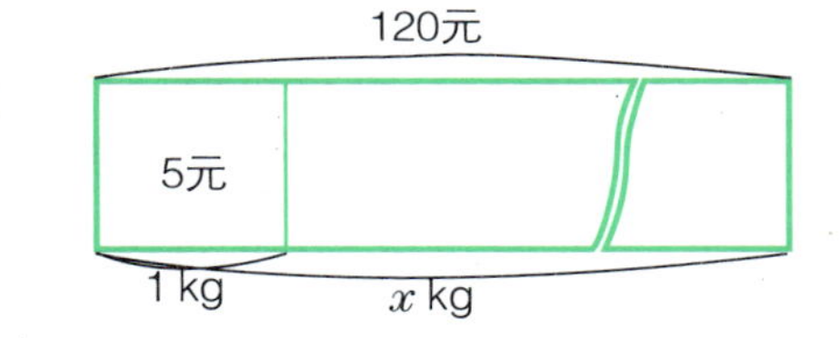

5元 ÷ 120元 ≈ 0.042 kg

答：约为42 g。

马铃薯和胡萝卜由你计算啦。

可爱的村长

（且说，乘拖拉机从郊外回来的路上，大家在小山丘上休息，“嗨，……”一个矮小的胖男人边叹着气边往山坡上走着。）

萨　沙　那个人究竟怎么啦？

（男人边擦着汗，边在树墩上坐下。）

开心博士　您怎么啦？

（男　人　“嗨……”长叹了一声。）

男　人　我是本村村长，这个村倒也和睦，只是被城市化潮流拥起来了。你们看，建设了工业住宅区，土地价格也涨上来了，可是，据说还不许过多生产稻米，唉呀，烦恼事越来越多了。

（于是，大家仔细思考着村长的问题，为了这位可爱的村长，希望做做下面的题。）

做做看

1.在我们村庄，每1 ha平均生产4.8 t稻米。这回一定按照政府的方针减少稻米的产量。在我们村要生产50 t稻米。问需要耕作多少公顷水田？

2.我们村除稻米以外大的收入就是小豆啦，村里的旱田每1 ha能产小豆$5\frac{2}{3}$ t，全村有小豆地$6\frac{1}{2}$ ha，问今年的小豆产量是多少？

3.村里需要修筑水渠，每修1 m需要130元，村里打算投资7 150元，按这个预算能修多少米水渠？

开心博士　求平均量的问题；知道平均量，求总量的问题；然后又是求多少份的问题。这无疑是三种不同类型的题。计算农作物的产量和比较金属的质量等，具体内容是多种多样的。请看下面带有总结性的问题。

1.下面是各县土地面积和人口数量统计表，请比较各县每1 km^2平均生活多少人口?将其填入表的空格中。

	A县	B县	C县	D县	E县	F县
总人口	2 082 320人	11 618 281人	5 420 480人	2 083 934人	1 209 365人	1 228 913人
总面积	7 291.28 km^2	2 156.35 km^2	3 799.32 km^2	13 584.62 km^2	3 692.15 km^2	6 331.71 km^2
每1 km^2的人口						

2.下表是表示各县的水稻耕作面积和每1×10^4 ha的平均产量。请将各地产量填入相应的空格内。

	G县	H县	I县	J县	K县	L县
耕作面积	14.5×10^4 ha	7.3×10^4 ha	14.7×10^4 ha	2.4×10^4 ha	2.0×10^4 ha	2.2×10^4 ha
每1×10^4 ha平均产量	4.1×10^4 t	3.7×10^4 t	4.8×10^4 t	4.4×10^4 t	4.0×10^4 t	4.3×10^4 t
产量						

3.下表给出各种物质每1 cm^3平均质量和一定体积物质的质量。请在相应的空格内填上各种物质的体积。

	玻璃	竹	石油	尼龙	雪	水泥
每1 cm^3平均质量	2.4 g	0.31 g	0.8 g	1.12 g	0.12 g	3 g
质量	8.4 g	12.2 g	40 g	5.6 g	14.4 g	15.3 g
体积						

4. 请看下图，并改成文字题。 (1)题是给嘟嘟出的问题。大家也给不服气的嘟嘟加油。

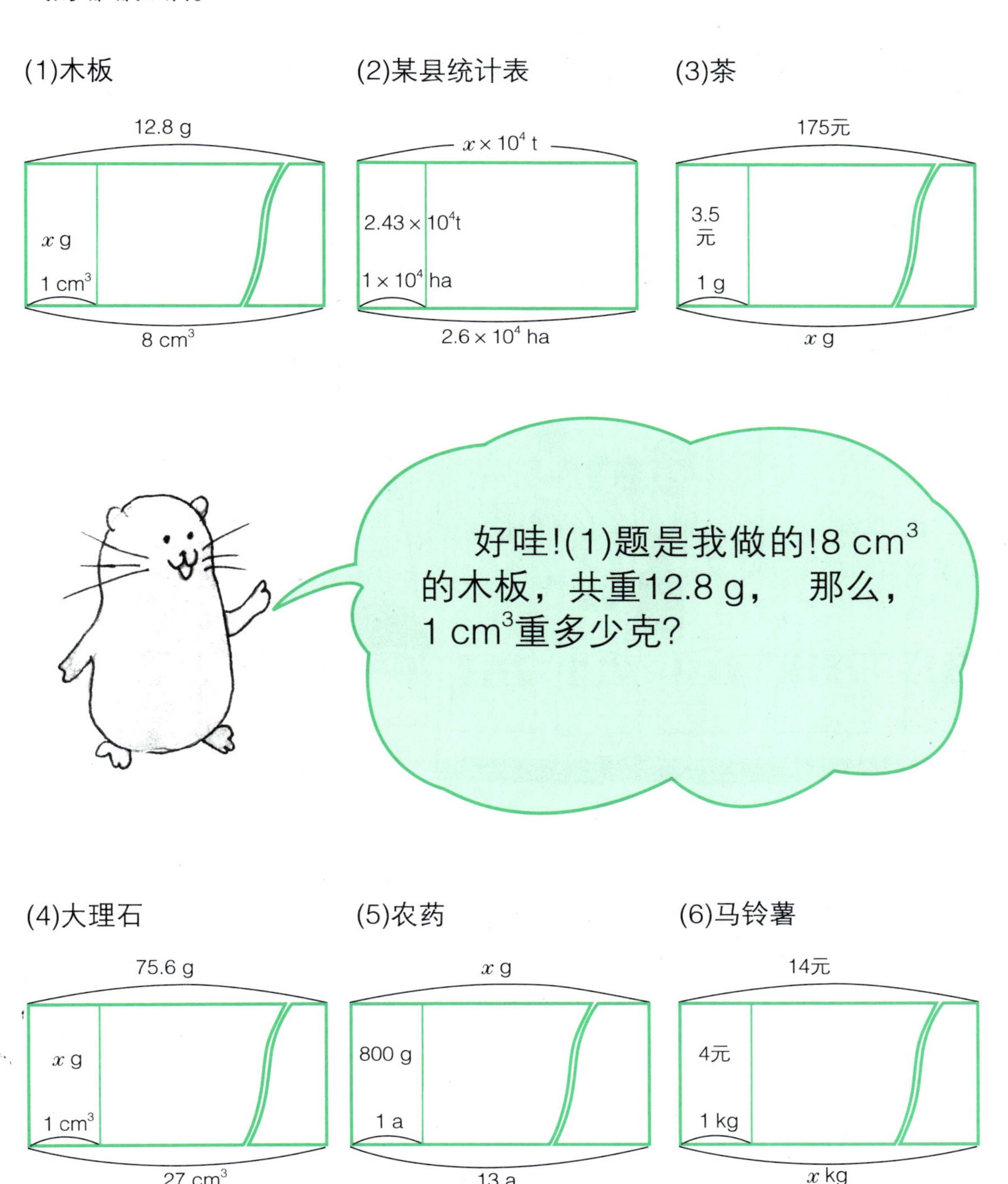

在食品厂研究美味食品

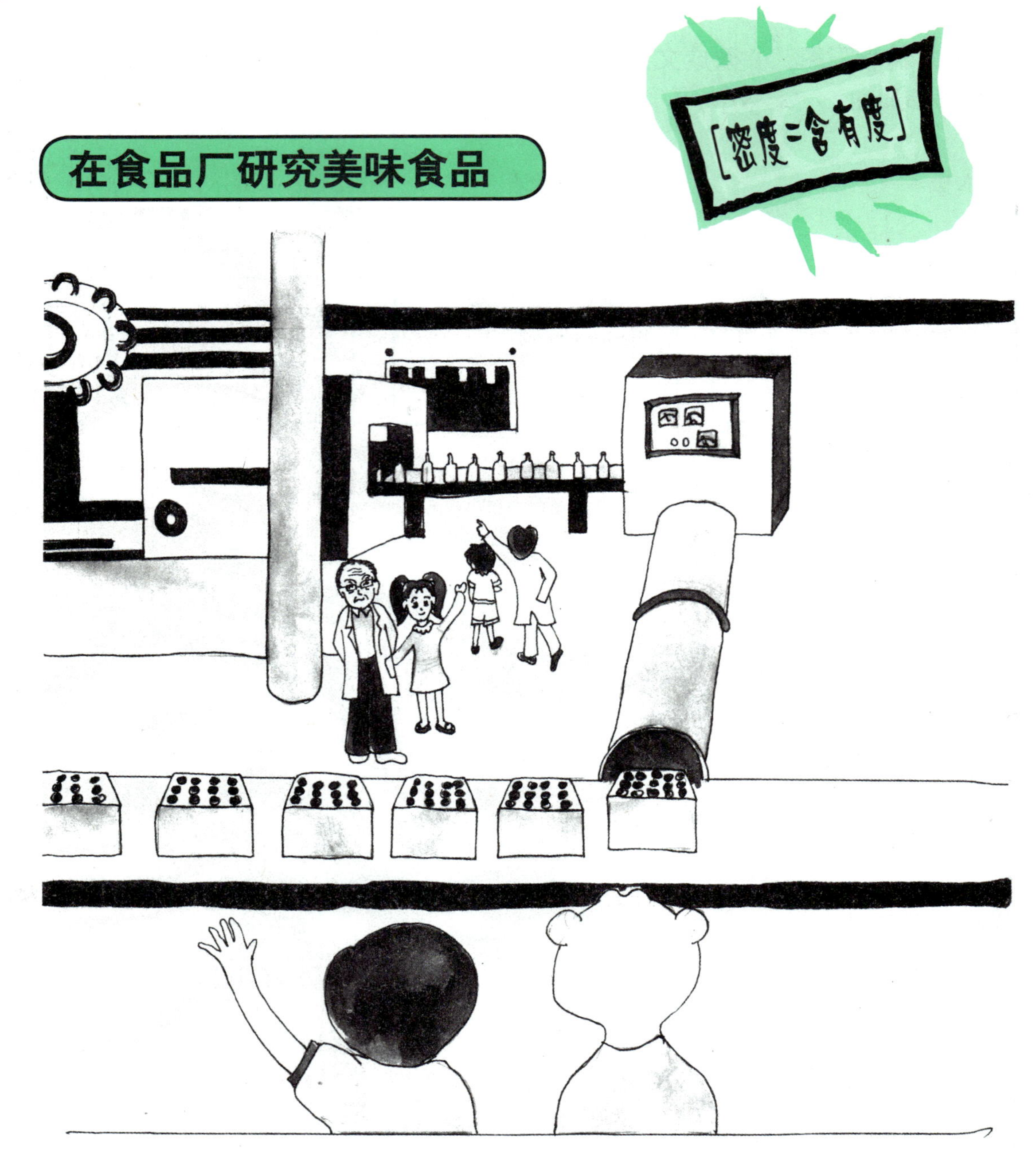

（今天随同开心博士访问了一个大食品厂。）

罗伯特　哎呀，真了不起，汁液是乘着传送带连续不断地流去！

米丽娅　这个厂不是做巧克力的吗？

胖噜噜　我早就想喝果汁啦。

哪个白兰瓜果汁甜?求其平均量

(首先，开心博士被邀请到食品厂研究室去了。穿白大衣的研究员们在紧张地工作。“啊，欢迎!”他是开心博士的学生，是一位年轻的研究员。)

研究员　我现在进行粉末汁液的研究，这是从水果中提取的真正的粉末。在这里有A，B，C，D四个烧杯，分别装着四种白兰瓜粉末汁液，请比较哪个最浓?

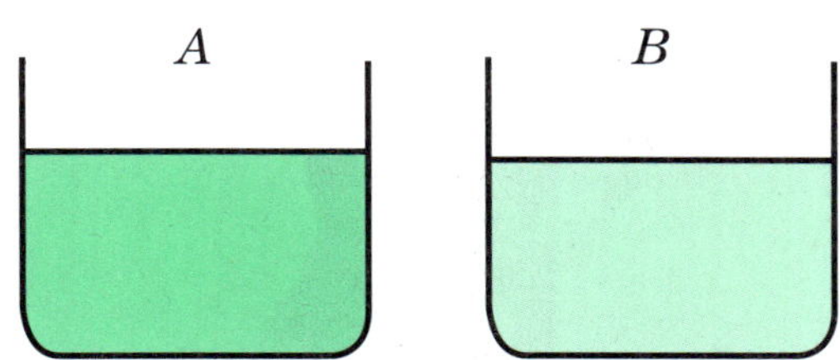

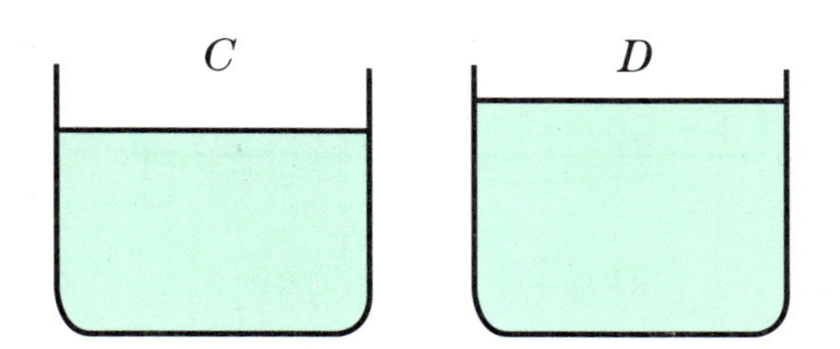

罗伯特　A和B相比，A是浓的。

米丽娅　B和C相比，B是浓的。

萨　沙　那么，C和D相比，哪个浓啊?用眼睛看不出来呀。

研究员　用眼睛看不明白。那么，你们看含水量和粉末汁量。

(研究员对下表作了解释。)

	A	B	C	D
含水量	3 dl	3 dl	4 dl	5 dl
粉末汁液量	45 g	30 g	30 g	35 g

罗伯特　还是那样，A和B水量相同，所以比较清楚。

米丽娅　B和C，粉末汁量相同，含水量少的一方浓。

萨　沙　那么，C和D的情况，怎么比较好呢?

(萨沙歪着头为难了。)

(这时，罗伯特大声喊了起来。)

罗伯特　啊，罗伯特来啦!这是分数，通分的结果是$\frac{14}{105}$和$\frac{15}{105}$，对吧，总之，在分母的粉末汁液量相同时，由于分子含水量C少，所以就知道C是浓的了。通分的方法是在第三册内学过的。

米丽娅　所谓$\frac{4}{30}$，$\frac{5}{35}$是分升被克除，罗伯特认为这是每1 g粉末汁的含水量。那么，粉末汁在水中溶解时，每1 dl水中能溶解多少克粉末汁呢。如左图，计算出每1 dl水溶解多少克粉末汁?

· C的情况

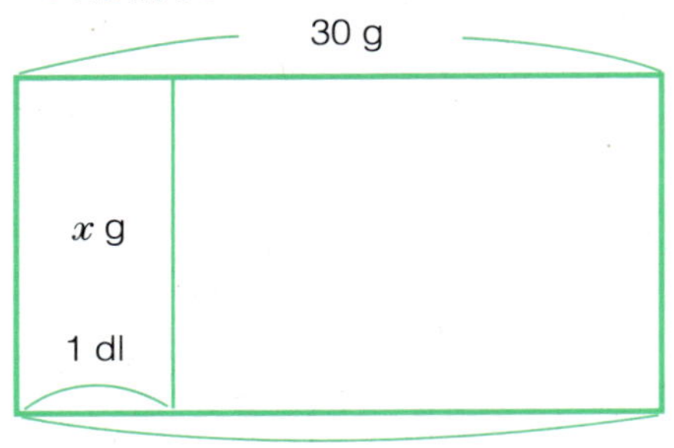

30 g ÷ 4 dl=7.5 g/dl

· D的情况

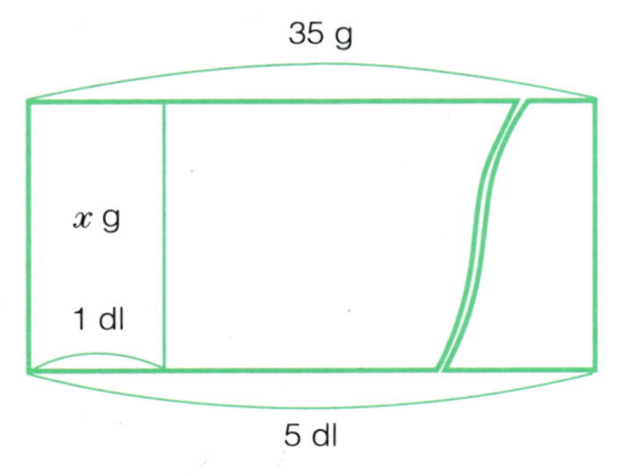

35 g ÷ 5 dl=7 g/dl

答：C浓。

罗伯特　的确，这样就很容易明白了。

萨　沙　米丽娅，漂亮!这样计算好。不过，只是图表示水中溶解物的，用先前一样的图也可以吗?

嘟　嘟　啊，诸位，这可是个棘手的问题。什么浓的淡的呀。一尝不就知道了嘛。

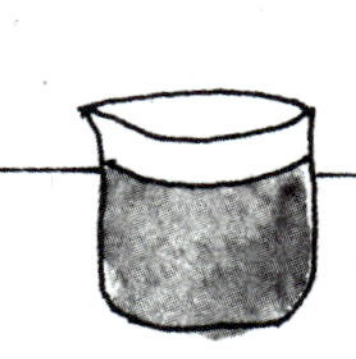

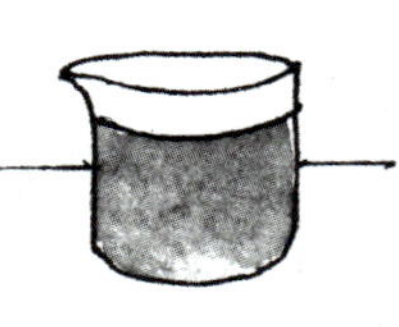

研究员　哎呀，诸位，只有用自己的力量，不断地思考下去，才能取得惊人的成绩。米丽娅求出1 dl水平均含有的粉末汁量，计算是正确的。对图也提出有趣的问题，那么，请看并思考下图。

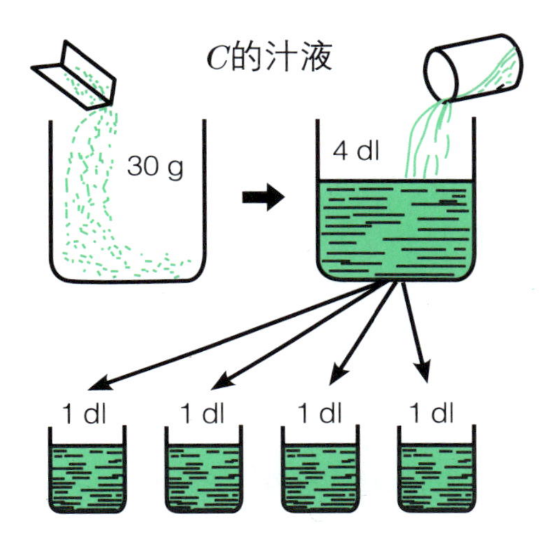

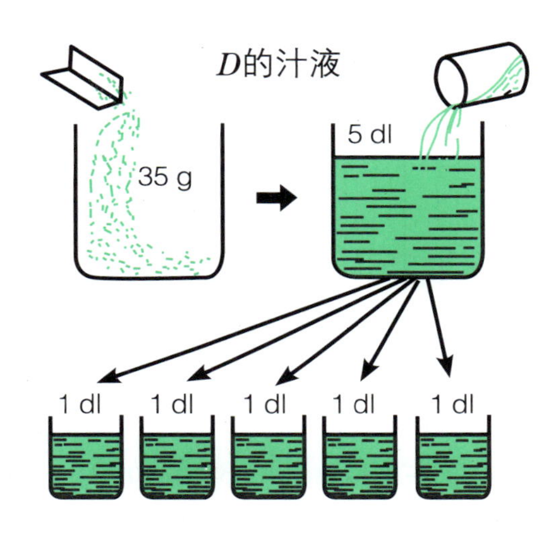

研究员　粉末汁在水中溶解了，可是不久就沉到底下去了，想想看。于是，像下图那样，就很容易明白了。计算结果同米丽娅的完全一样。

*C*的图

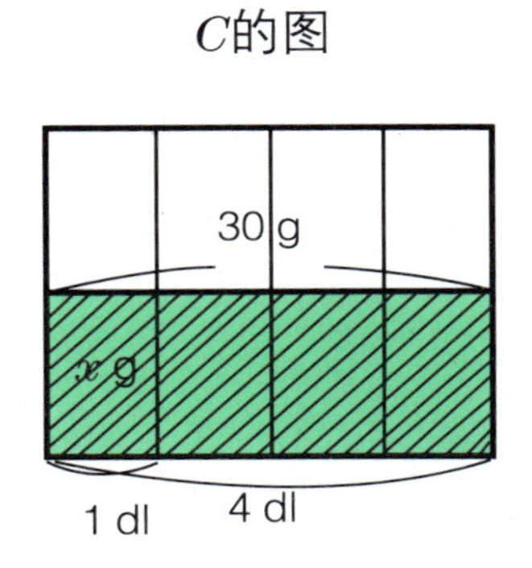

30 g ÷ 4 dl=7.5 g/dl

*D*的图

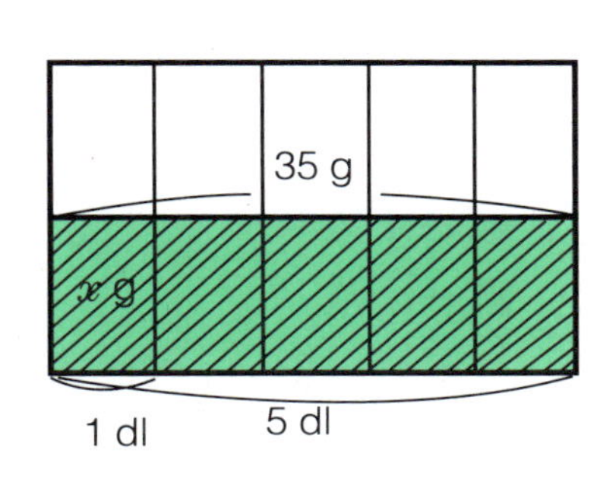

35 g ÷ 5 dl=7 g/dl

答：*C*浓。

西红柿汁液里的维生素C

（大家从研究室出来，又去第二工厂参观。那里是制西红柿汁罐头的。）

开心博士　噢，这个罐头说明书表明，在180 ml中含有70 mg维生素C，那么，平均每1 ml(1 ml=$\frac{1}{1\,000}$ l)含有多少毫克的维生素C呢？

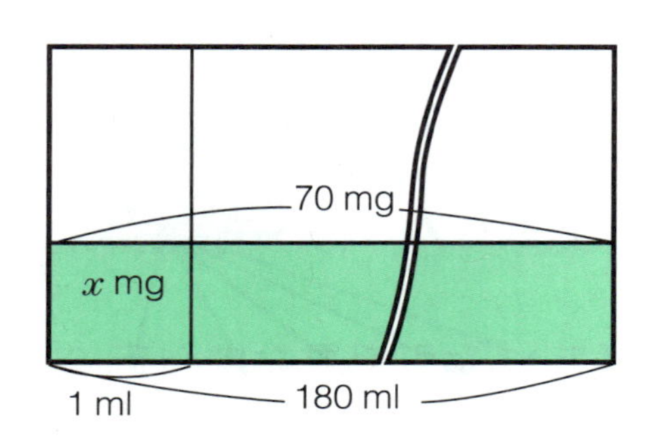

70 mg ÷ 180 ml≈0.39 mg/ml
答：约为0.39 mg／ml。

嘟　嘟　我倒想计算，可是，由于西红柿汁我不太喜欢，别让我算好吗？

萨　沙　呀，我做吧。像左边的图那样，沉下去的东西是维生素C，因为要求其单位平均含量，所以

70 mg ÷ 180 ml=x mg／ml

约为0.39 mg／ml。

开心博士　是的，就是这样。那么到下一个工厂去吧。

米丽娅　下一回，做什么呀？

1.配制出四种含盐的水，见右表。

(1)A和B，哪一个浓？

(2)B和C，哪一个浓？

(3)C和D　哪一个浓？

	A	B	C	D
食盐水量	20 dl	20 dl	24 dl	28 dl
含盐量	18 g	15 g	15 g	16 g

2.在消毒用的红药水30 ml中，含有红汞0.6 g，1 ml红药水中含红汞多少？

3.妈妈每天早晨泡豆粉。据说720 ml水中放入45 g豆粉，问1 ml水中含有多少克豆粉？

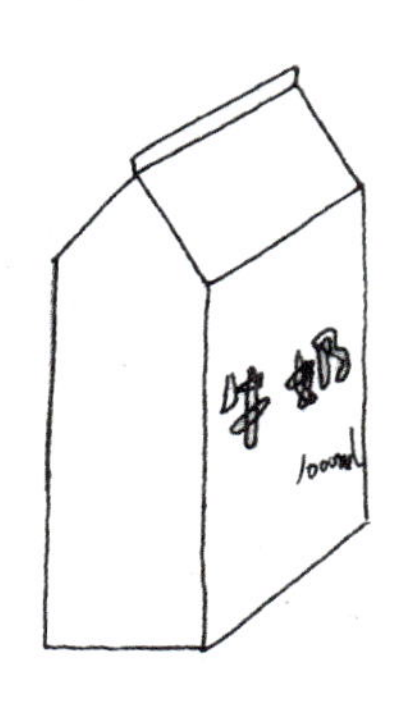

关于牛奶的营养

(第三个工厂是加工牛奶的。用纸包装的牛奶，由传送带源源不断地输送出去。)

大块头　啊，是好吃的呀!

研究员　那个包装盒里装1 000 ml。在1 000 ml牛奶里各种成分含量各是多少?

•牛奶的成分表(1 000 ml中)

水 分	蛋白质	脂肪	糖	无机物
886 g	29 g	33 g	45 g	7 g

•脂肪

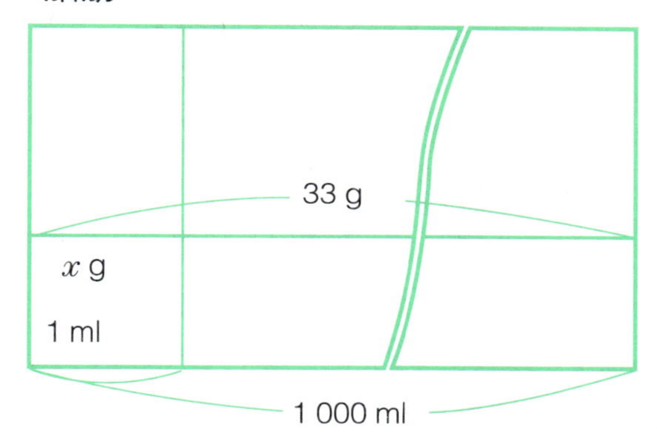

$33\ g \div 1\ 000\ ml = 0.033\ g/ml$

答：0.033 g／ml。

胖噜噜　含有多种营养成分呢。牛奶的嗜好者们本该胖起来呀。

开心博士　看上表并计算一下，每1 ml牛奶中含有多少脂肪?

罗伯特　33 g被1000 ml除就行了。

答: 0.033g／ml。

嘟　嘟　所谓糖分是甜味的吧，每1 ml牛奶里的糖分是

$45\ g \div 1000\ ml = 0.045\ g/ml$

米丽娅　啊，嘟嘟，真行啊!

1. 制作80 dl汤粉用了40 g淀粉，那么，在这个汤粉里，每1 dl含多少克淀粉呢?

2. 有粉末汁液180 ml，其中含有0.36 g 蛋白质。问每1 ml粉末汁液中含有多少克蛋白质?

大块头喝牛奶的研究

大块头　下面，只好用牛奶来款待大家。(大块头一提起牛奶那可一点也不客气。他慢慢伸开手，捧起一个很大的塑料容器，咕嘟咕嘟地喝起来。)

胖噜噜　哎呀，他究竟喝了多少啦?

大块头　(若无其事地说)6 800 ml呗，嗯，看下表，1 ml牛奶含有1 mg的钙，那么，我喝6 800 ml牛奶，其中含多少毫克的钙呢?

牛奶的无机物成分表（每1 ml含量）

钙	1 mg
钠	0.36 mg
磷	0.9 mg
铁	0.001 mg

萨　沙　平均每1 ml牛奶含量是1 mg，是嘛，这是求总量的计算。用平均量乘喝的牛奶量，就知道总量了，即含多少克钙啦。

•钙

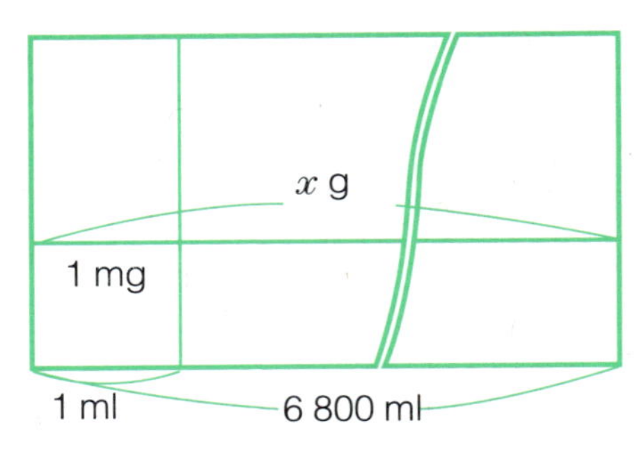

1 mg / ml ×6 800 ml=6 800 mg

6 800 mg=6.8 g

答：6.8 g。

(大块头突然脸变青了，好不容易说出话来。)

大块头　俺……俺如何是好，肚子疼起来了。

米丽娅　痛得利害吗?

大块头　嗯，唉呀，痛呀!

研究员　请等等。我马上拿药来。

(研究员跑出去，取来了药，将一粒药放入盛着水的玻璃杯里，药溶化时，咕噜咕噜地冒起白泡泡。)

研究员　请喝了。

(大块头把那杯水一饮而尽。肚子的疼痛立刻止住了。)

大块头　啊，已经不痛了。谢谢!

•药

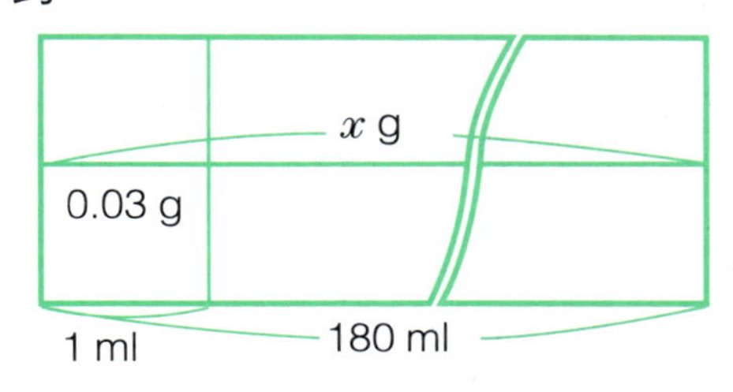

0.03 g / ml ×180 ml=5.4 g

答：5.4 g。

研究员　喂，大块头，病好了，不计算一下吗?我往那个玻璃杯里倒入了180 ml水，按比率每1 ml水放入0.03 g的止痛药，问一粒药的量是多少克? 明白吗?

大块头　哎，那么难的题，我能会算吗?请宽恕我吧!况且，我的肚子还丝丝拉拉地痛呢。

罗伯特　那么，我来做吧。平均每1 ml水里的药是0.03 g，在180 ml水里，全部的药量是多少克?是这样的题吧。

(于是罗伯特利用左侧的图来计算，做的结果正确吧?)

1. 在1 dl的牛奶里，含有0.2 mg维生素B_1。在50 dl同样的牛奶里，含有多少毫克的维生素B_1呢?

2. 在某维生素剂1 ml里，含有0.4 mg维生素B_1。那么在25 ml这样的维生素剂里，含有多少毫克维生素B_1?

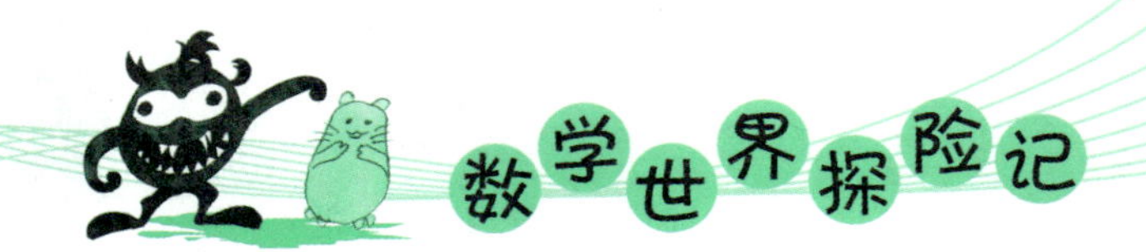

千万不要喝过于着色的汁液

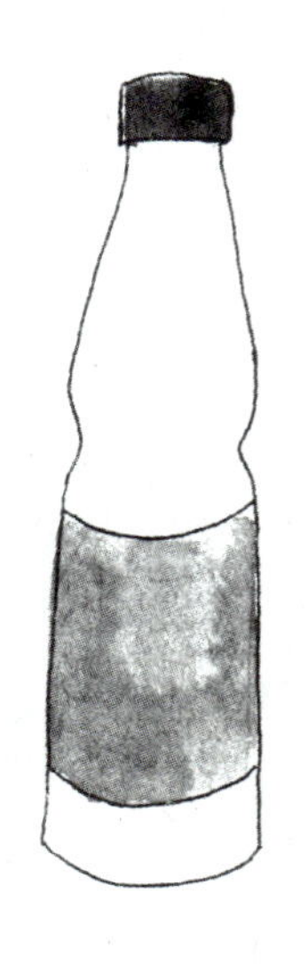

(研究员先拿出一瓶放在贮藏室里的汁液，一边说。)

研究员　这不是我们公司的产品，这上面没写“天然果汁”吧，这不是从水果中提取的天然汁液。

萨　沙　那么颜色是后来添加的吗？

研究员　味道，气味，颜色，营养都是人工制造出来的。

米丽娅　使用的是所谓人工着色剂啦，或者人工甜味剂啦。

研究员　是的，这种汁液每1 ml平均需用人工着色剂0.05 g。若使用30 g人工着色剂，能制出多少毫升汁液？

罗伯特　知道平均量，也知道使用人工着色剂量，这是求总量的计算吧！

萨　沙　画图研究一下吧。

米丽娅　那么研究员先生，人工着色剂对人体没有害处吗？

研究员　不太着色的食品，偶尔吃一点还可以的。

米丽娅　买汁液时，问一下之后，如果不是天然果汁就不买，没错吧？

萨　沙　似乎只有计算了，据说很难。

米丽娅　嗯，做做吧。

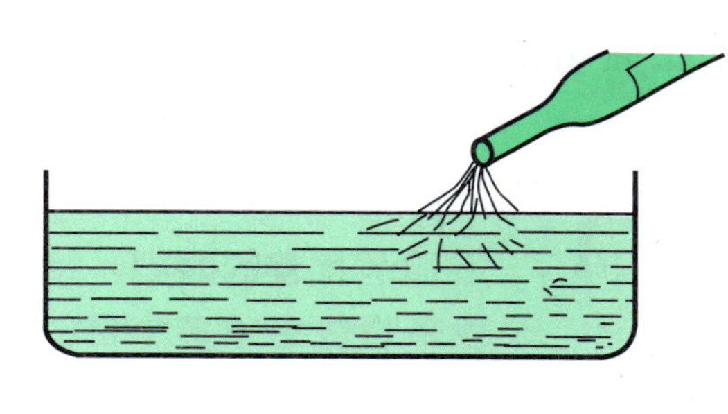

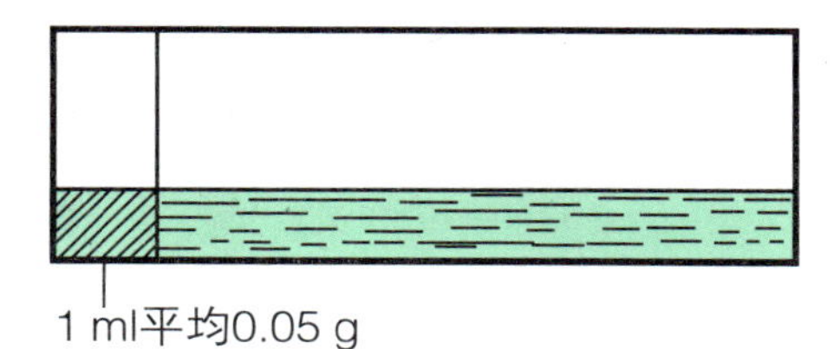

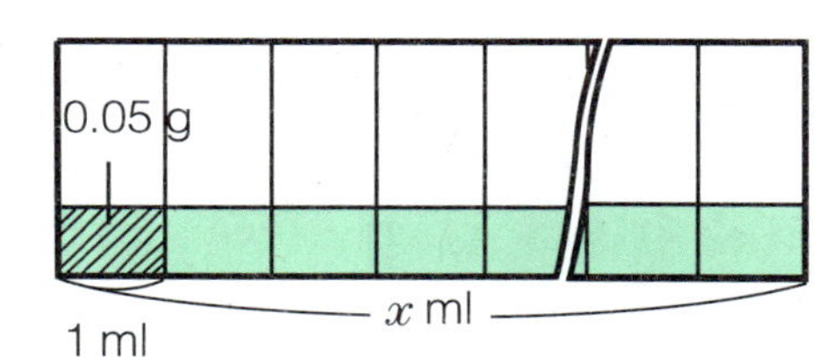

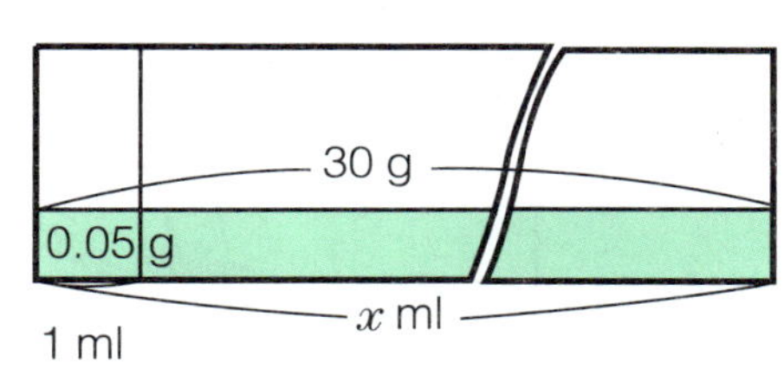

$0.05\ g/ml\times x=30\ g$
$x=30\ g\div 0.05\ g/ml$

$30\ g\div 0.05\ g/ml=600\ ml$

答：600 ml。

萨　沙　求总量的问题，已知平均每1 ml含有多少克着色剂和水的量。那么，计算出总共含有多少克?

罗伯特　这种情况，当然是求汁液中的含水量。

萨　沙　如左图那样，因为x ml是未知数，所以算式是

$0.05\ g/ml\times x\ ml=30\ g$

是吗?这不是求“多少份”的计算吗?

米丽娅　是呀，其算式

$x\ ml=30\ g\div 0.05\ g/ml$

是的，是除法呀。

罗伯特　答案可能是600 ml啦，不过，我总觉得不太理想。(罗伯特边说边不停的揉着眼睛。)

1.某种注射液1 ml里含有维生素$B_1$8 mg。现在需用75 mg维生素B_1注射，问必须注射多少毫升注射液?

2. 在1 ml牛奶里含有0.02 mg维生素C，要摄取0.3 mg维生素C，需喝多少毫升这种牛奶呢?

3.有每1 dl平均含有5.5 g食盐的食盐水，用33 g食盐制相同浓度的食盐水，能制多少分升?

赠给的粉末汁能制成多少汁液?

(到此，这一天的食品厂见习结束了。回来的路上，从研究员先生那得到了礼品，每人得到120 g美味香瓜粉末汁。)

(然而，贪吃的嘟嘟开始修饰它那有趣的外表，并说话了。)

嘟　嘟　我认为每个人配制汁液的方式是不一样的，因为有的人喜爱喝浓汁液，也有的人喜爱淡的。所以你自己认为味道最好的，平均每1 dl水应该渗加多少克的粉末汁好，希望每个人都研究一下那个表。

(大家都接受嘟嘟这个有趣的方案。于是，各自在表上揣摩自己爱喝的汁液。)

•每人喜好的表(每分升)

米丽娅	3 g	嘟　嘟	8 g
罗伯特	2.5 g	大块头	5 g
萨　沙	4 g	胖噜噜	2 g

米丽娅　嘟嘟最喜欢浓的啦！每1 dl平均是8 g呀，太多了，真是异常的舌头啊。

罗伯特，大块头，萨沙的不也比较甜吗，而胖噜噜则特别喜欢淡的啦。

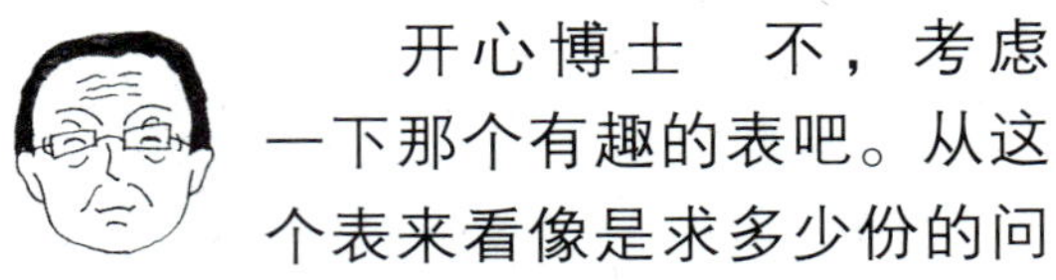

开心博士　不，考虑一下那个有趣的表吧。从这个表来看像是求多少份的问题。米丽娅你制作平均每1 dl水含3g的汁液，在这得到的120 g粉末汁礼品，究竟能制多少分升汁液呢?

米丽娅　很有趣。嗯，我是像下图那样。答案是40 dl。

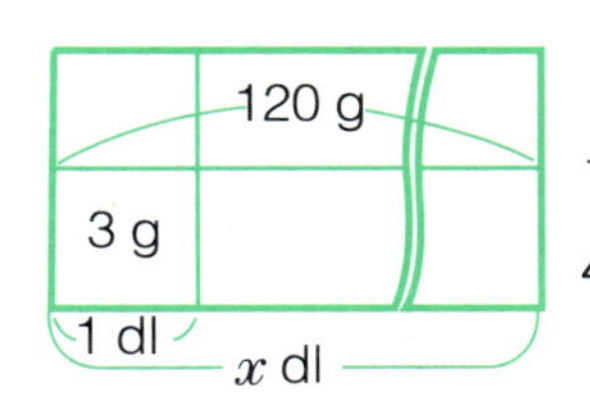

120 g ÷3 g / dl=
40 dl

萨　沙　我是像下图那样，能制作30 dl汁液。

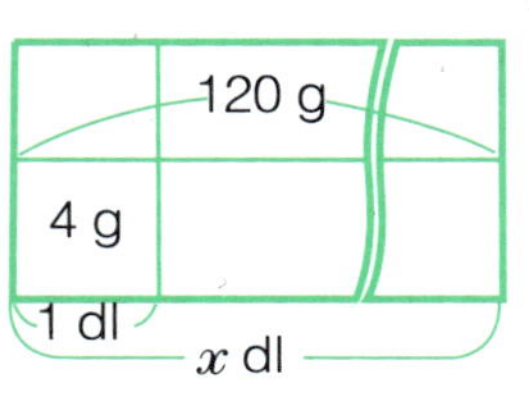

120 g÷4 g / dl=
30 dl

嘟　嘟　没意思，我计算啦，只能制出15 dl汁液。

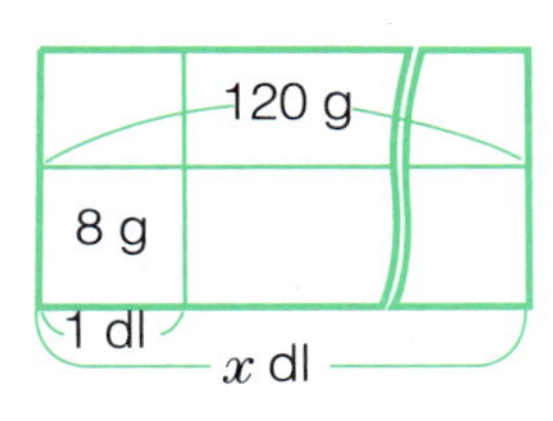

120 g÷8 g / dl=
15dl

胖噜噜　只好不喝浓的汁液喽。我的怎样呢?60 dl哟。

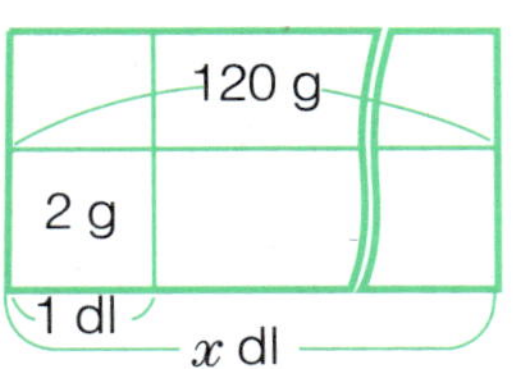

120 g÷2 g / dl=
60 dl

喜　鹊　那么，还有罗伯特和大块头的计算没解决呢，请大家给计算一下，怎么样?

米丽娅　我们每天都吃很多东西。下面是两个有关食物的问题，答案要求用四舍五入求到小数第三位。

1. 下表是溶解在180 ml调料里的成分。请求出在1 ml调料中的各个量是多少。

蛋白质	脂 肪	糖　分	灰　分	钙	铁
2.7 g	0.5 g	26.1 g	16.6 g	59.4 mg	7.5 mg

2. 在凉菜里撒上调味汁，调味汁里包含各种各样的成分。下表是母亲制作的90 ml调味汁里的各种成分的。请求出每 1 ml的含量。

90 ml调味汁里的各种成分含量如下表

水	蛋白质	脂　肪	糖　分	灰　分
48.1 g	0.4 g	37.9 g	0.6 g	2.2 g

嘟　嘟　我说的是药的问题啦!一天我从楼梯摔下来了，我买来药膏，这种药里的成分像下表那样。

薄荷脑	水杨酸,甲醇	生　胶	树　脂	植物油
1.8 mg / cm^3	2 mg / cm^3	10 mg / cm^3	9.2 mg / cm^3	2.6 mg / cm^3

1. 在24 cm^3的药膏中，包含的各种成分是多少毫克?

2. 在1 ml眼药中包含3 mg氯霉素，使用12 ml这种眼药，其中含有多少毫克的氯霉素?

萨　沙　我在运动之后就要喝酸乳酪。在酸乳酪里，含有下表那样的成分。

蛋白质	脂　肪	碳水化合物	无机物
36 mg／ml	8 mg／ml	176 mg／ml	3 mg／ml

1. 为摄取720 mg蛋白质，喝多少毫升的酸乳酪好呢?还有，为摄取960 mg脂肪，需要喝多少毫升啊?

2. 每天从外边回来我都要漱口。在每1 ml的水里含有0.15 mg漱口药，现有120 mg漱口药，那么能制成多少毫升漱口水?

罗伯特　下图是供解释问题时使用的。请利用各图考虑出相对应的文字题来。

(1)汁液

维生素C700 mg

x mg

1 ml

汁液180 ml

(2)注射液

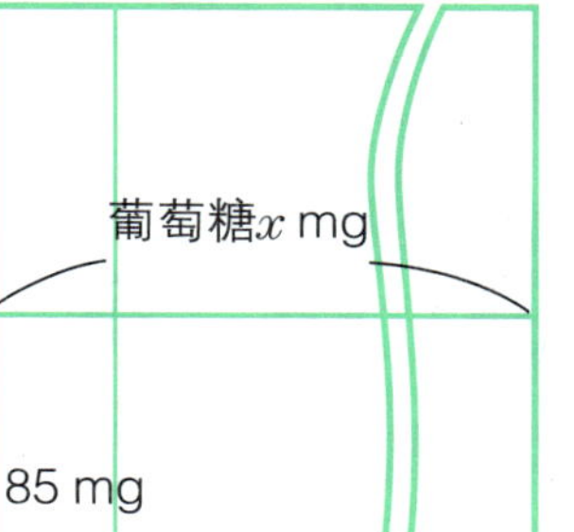

(3)食盐水

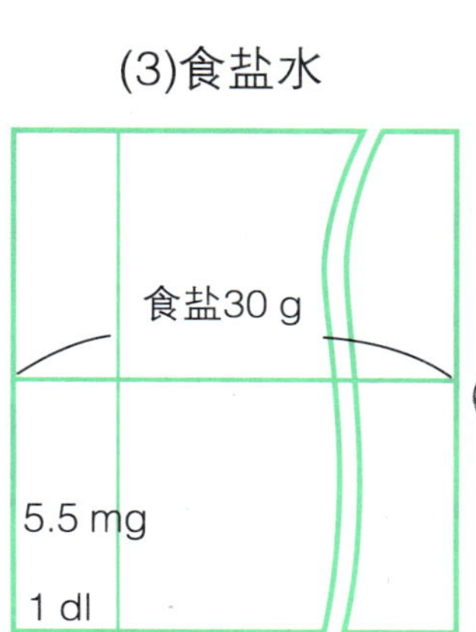

探险队钓鱼平均的研究

附近这一带的鱼，全都变少了。然而，也不尽然。“大家去钓鱼吧”，大块头说。

嘟　嘟　同意!大块头一定能钓着尺把长的大鱼。(嘟嘟说这话，胖噜噜很有情绪。)

胖噜噜　那样的话，我钓的就是小鱼喽?

(尽管那么说，谁不想钓大鱼?开心博士戴着草帽，蹲在那里努力钓呢，好像特别有兴致。)

嘟　嘟　看怎么样?我已经钓3条了。

米丽娅　我钓8条了。

萨　沙　我钓11条了。

(大家钓的都是大的呀。那么开心博士这时怎么样，他像固定在水面上一样，一动也不动，戴着大草帽似乎睡着了。)

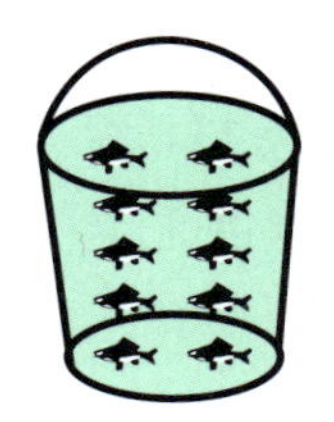

米丽娅 10条　萨沙 15条　罗伯特 11条　大块头 7条　胖噜噜 13条　嘟嘟 4条　开心博士 3条

(那么，大家钓鱼的情况如上图所示。)

萨　沙　这次钓鱼比赛我第一呢。

罗伯特　我不也是第三位吗?

大块头　是我带领大家到这里来的，可我才钓7条，真惨。

(开心博士笑咪咪地说起话来。)

开心博士　每个人平均钓多少啊?

萨　沙　唉，您所说的是平均哪?

开心博士　是。平均的事，不是要搞数学探险吗?那么全部7人共钓多少条鱼?

罗伯特

10+15+11+7+13+4+3

是63条。

开心博士　现在用7平分吧。

米丽娅　63 ÷ 7=9，所以是9条。

开心博士　是的，所说的求出每个人平均钓的鱼数，就是说把它变成相同的数。

罗伯特　原来是这样。在前面调查电车拥挤情况时，同样也是计算出每一辆车平均多少人哪。那是求每辆电车乘客的平均数。

开心博士　就是那样。

水槽的实验

开心博士　今天要进一步进行关于平均的谈话。所谓平均，可以看做是把高低不等的弄平。

例如有三个水槽，分别注入4 dl，3 dl，5 dl的水，要是求它们的平均数，将是多少分升？

萨　沙　认真看看三个水槽的水。

开心博士　是的。

萨　沙　就是4 dl+3 dl+5 dl，是吧？

开心博士　是的。那么，如果取下这三个水槽之间的隔板的话，将会怎样呢？

(开心博士取下两块隔板，水便汇合起来，水面变平了。)

米丽娅　合在一起的水成为12 dl啦。这回该用除法了吧？因此，12 dl÷3。答平均为4 dl。

开心博士　是。只要取下隔板，水就汇合到一起。

罗伯特　真的！这个水槽一平就好分了。

开心博士　求上面这道题，能够用下面的式子表示。

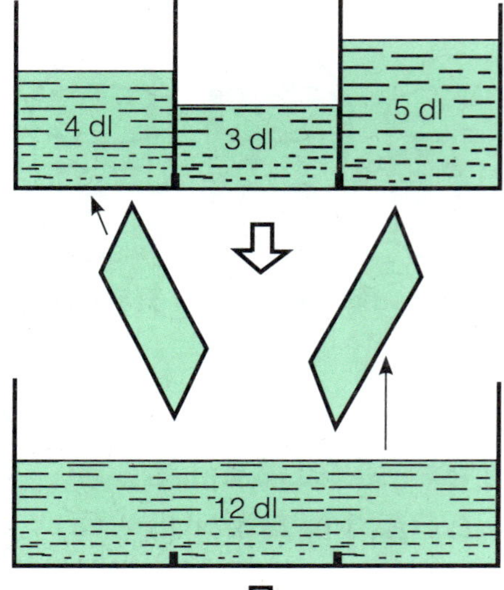

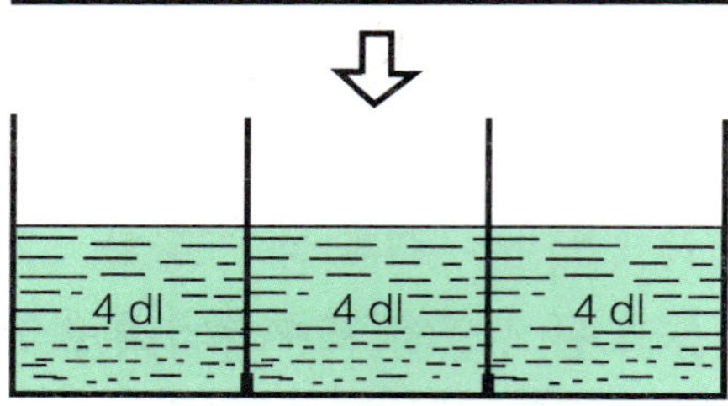

(4 dl+3 dl+5 dl)÷3=4 dl

像这样把几个量加在一起，再用除法等分，就是所谓的平均。

这样平均的实验，可以使用教具立刻做出来，再做做看！

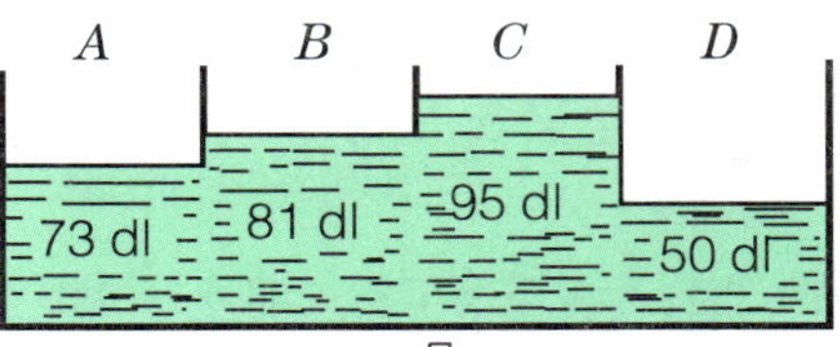

嘟　嘟　我觉得我已经懂了，谁能出个题吗?我想自己考虑。

米丽娅　真了不起呀，嘟嘟，那么，请你思考一个极好的问题。有四个孩子，每个人分别喝73 ml，81 ml，95 ml，50 ml的柠檬水，问平均每人喝多少毫升?

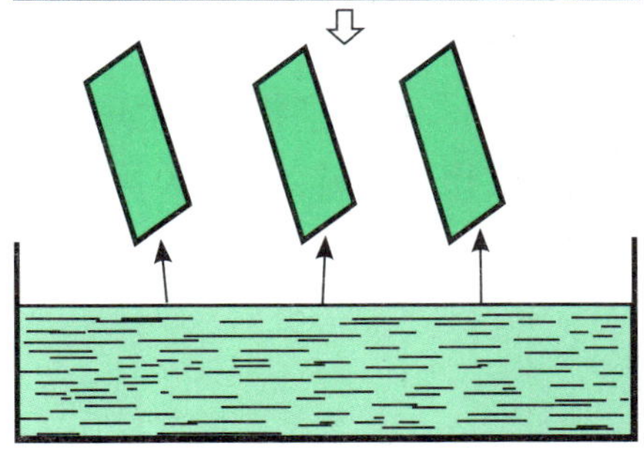

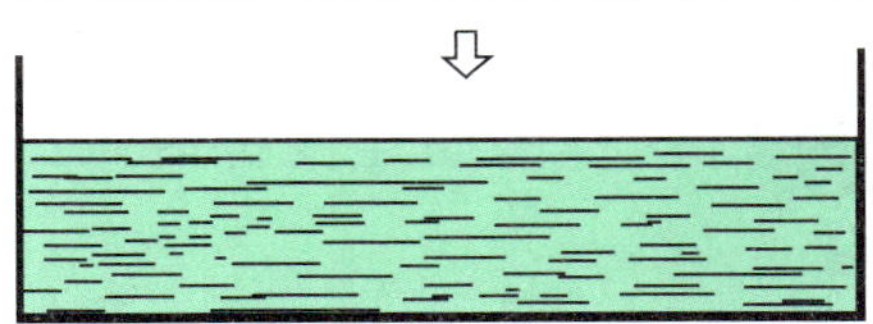

嘟　嘟　唉哟，用图考虑吧，因为是四个人，制作四个水槽，取下隔板，水就可以像涨潮似的合在一起了。所以

(73 ml+81 ml+95 ml+50 ml)÷4=74.75 ml

是小数，答74.75 ml。

开心博士　哎呀，嘟嘟做得很好哇。

1. 某校学生调查了河水被污染的情况。各班取来的水样是：一班5 dl，二班2 dl，三班4 dl，四班3 dl，问每班平均取水样多少分升?

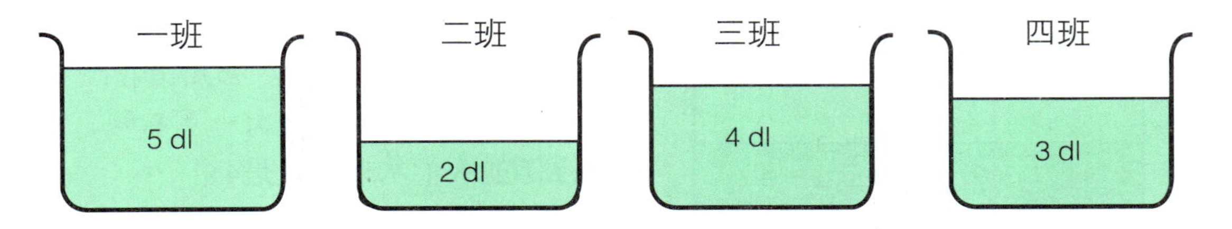

2. 学生们制作肥皂水。每人制作的量如下表，问他们每人平均制作多少分升?

A	B	C	D	E	F
2.6 dl	3.4 dl	4.3 dl	3.1dl	2.8 dl	2.4 dl

3. 有三个水槽，分别注入水13 dl，14 dl，18 dl，现在想让三个水槽的水量相等，问各个水槽里的水平均是多少分升?

挤牛奶的问题

（这时，小黑怪又出现了。小黑怪胆怯地说。）

小黑怪　噢，搞平均哪。那么，据说愚蠢的挤奶工们挤了牛奶。A挤6 l，B挤4 l，C挤7 l，D挤3 l，E忘了把挤的奶注入容器中，因而一点也没有。问每人平均挤多少升？

嘟　嘟　能做出来！这样的题连我都能做出来。

萨　沙　好，我做做看好吗？小黑怪！要是列算式，要考虑从A到D，即

$$(6\ \mathrm{l}+4\ \mathrm{l}+7\ \mathrm{l}+3\ \mathrm{l})\div 4=5\ \mathrm{l}$$

答案很简单，不是5 l吗！

小黑怪　咕哇，咕哇，咕哇哇……你们究竟算什么数学探险哪！笨蛋！

（小黑怪张着大嘴。）

萨　沙　真讨厌。哪儿错啦？

米丽娅　用图考虑一下看吧，从A到D的人们水槽的数是4个……

罗伯特　错了呀！（罗伯特开始做了。）计算水槽数应该把E也加进来，就是5个啦，瞧，像左边的图那样……

萨　沙　是吗！要是把E的0 l也加进来，那就是

$$(6\ \mathrm{l}+4\ \mathrm{l}+7\ \mathrm{l}+3\ \mathrm{l}+0\ \mathrm{l})\div 5=4\ \mathrm{l}$$

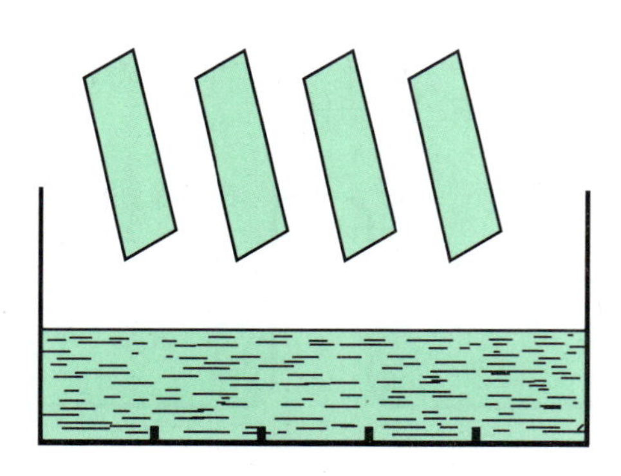

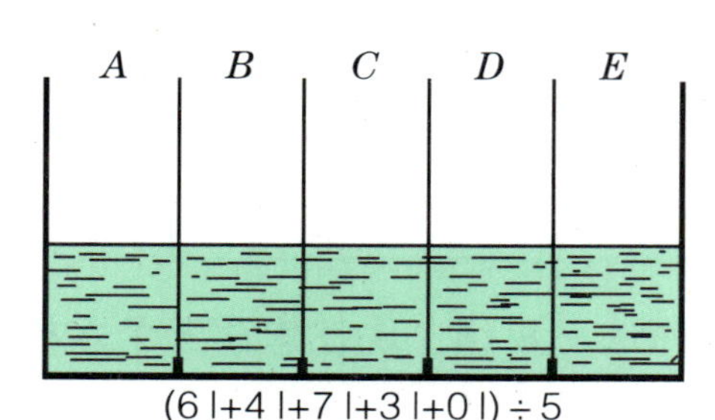

(6 l+4 l+7 l+3 l+0 l)÷5

小黑怪　那么，再来一个怎么样？

在油店里有商业油桶5个，其中两个桶里分别装4 l油，其余3个桶分别装6 l油。问平均每桶装多少升油？

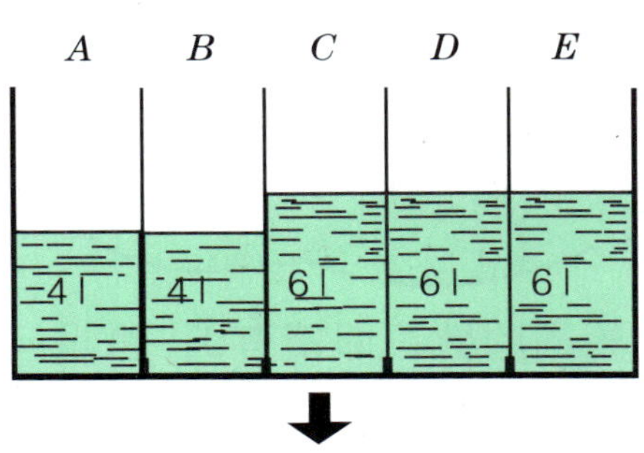

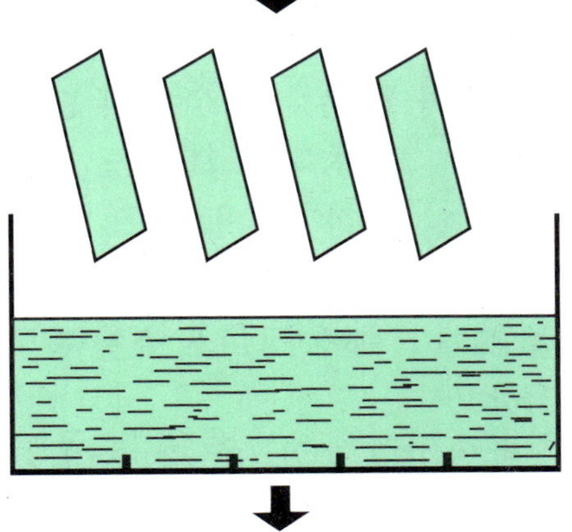

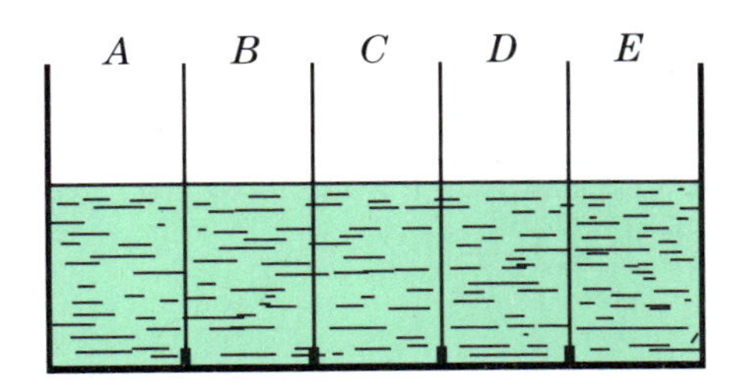

嘟　嘟　这回我做。嗯，是4 l和6 l的平均，所以

(4 l+6 l)÷2

10 l÷2=5 l

答平均是 5 l。

小黑怪　咕哇，咕哇，……。你究竟搞几年数学啦？

嘟　嘟　怎么了?有荒唐的地方吗？

米丽娅　看看图吧，嘟嘟，4 l的是两个，6 l的是三个，所以

(4 l×2+6 l×3)÷5

应该这样列式。

嘟　嘟　对啦。于是

26 l÷5=5.2 l

答：5.2 l。

米丽娅　是这样的。

嘟　嘟　小黑怪净出怪题。

小黑怪　这回出个容易的，不别扭的题。(小黑怪从嘴里吐出黑墨，晃着身子笑。)

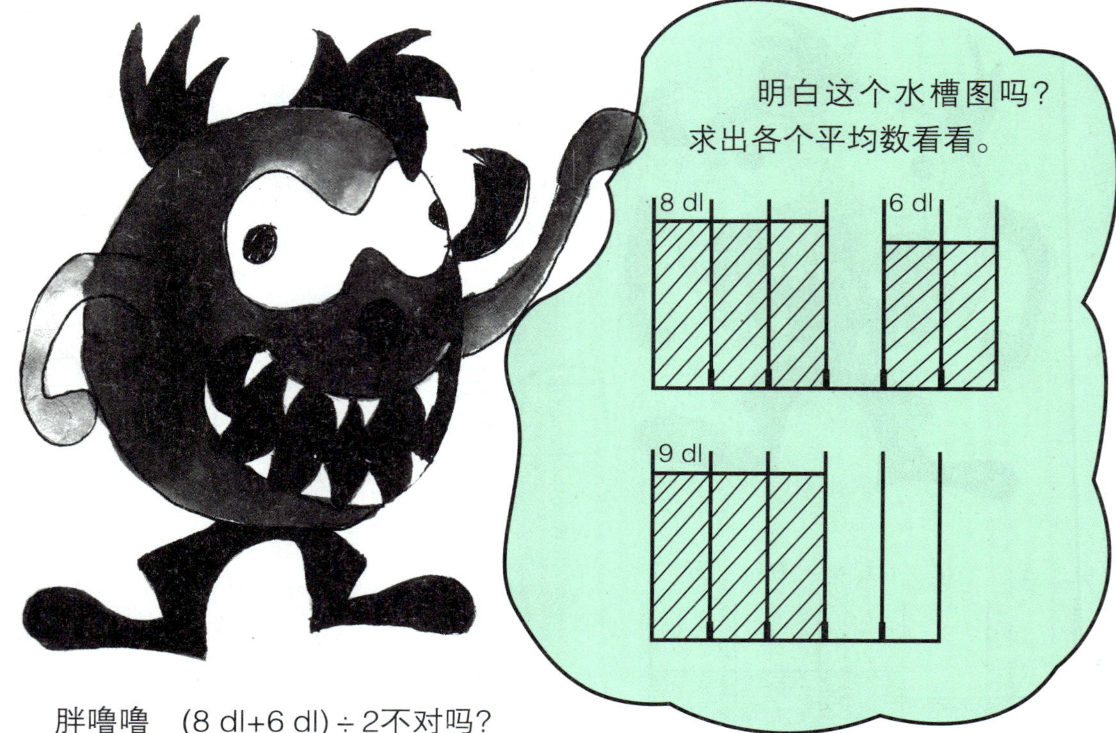

胖噜噜　(8 dl+6 dl)÷2不对吗？

嘟　嘟　不对呀，胖噜噜。你和我刚才所犯的错误不是一样吗？8 dl的是3个，6 dl的是2个，而且那个0 l也没考虑进去，算式应该是

(8 dl×3+0 dl+6 dl×2)÷6

胖噜噜　好险哪，小黑怪懂得真多呀，嗯……

36 dl÷6=6 dl

(接着胖噜噜大声喊了起来。)

胖噜噜　喂，小黑怪!上面水槽的平均数是6 dl。

罗伯特　下面的图是什么?有两个0 l的，要是取出隔板让水流到一起，应该是

(9 dl×3+0 dl×2)÷5

27 dl÷5=5.4 dl

嘟　嘟　再也不会出错了，即使有几个相同的数，即使有0，也没问题啦。

1．四个小伙伴去野游。一个伙伴忘了带水啦，其他三人带的水分别是5 dl，4 dl，5 dl，大家都喝了相同量的水，那么问每人究竟喝了多少分升水?

2．姊妹三人喝牛奶。这时来一条小狗，三个人都将自己的牛奶平均分给小狗一点。三个人喝的奶量相同，小狗喝的奶量也和她们相同。开始每个人所得到的牛奶是180 ml，求各自喝多少毫升牛奶?

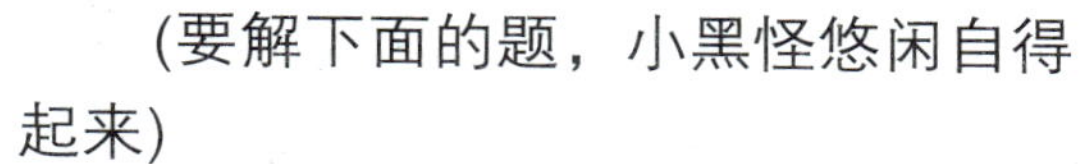

（要解下面的题，小黑怪悠闲自得起来）

小黑怪　啊，这个题怎么样？有6个排球选手，下表是他们的身高表。

求出选手们的平均身高！

· 选手们的身高表

A	187 cm	*D*	183 cm
B	176 cm	*E*	174 cm
C	192 cm	*F*	180 cm

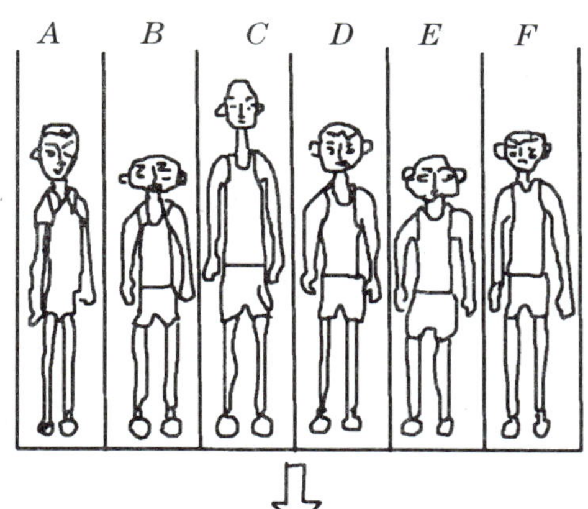

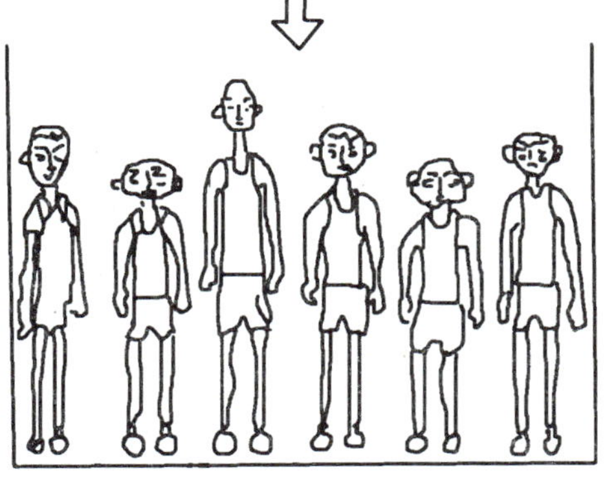

萨　沙　很好，首先画一个类似水槽那样的图。因为是6个人，也隔成6个水槽……哎呀！不行啊，人不能像水那样流到一起呀。

嘟　嘟　嗨！难那。因为人不能像水那样流动，也不能取下隔板，使之变平啊。

米丽娅　就是嘛。怎么好呢？

罗伯特　假定是两个人。不比带0的问题容易吗？

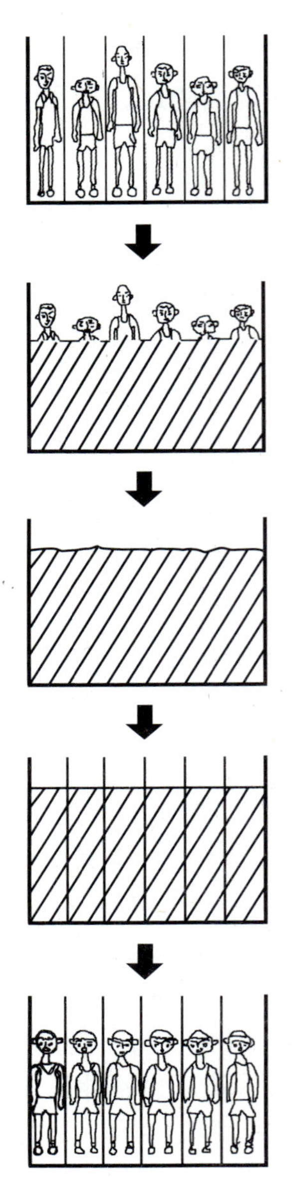

罗伯特　如果像嘟嘟说的那样，一定要用水量的方式思考，那么排球队员就得像糖那样溶化了才行啊！总而言之，得先求出大家身高之和。

嘟　嘟　的确如此，即便是人，如果把他们想象成苹果酱那样，溶解了，也是可以的。

米丽娅　就是说可以用6除。

罗伯特　大家身高之和应该是1 092 cm。

米丽娅　1 092 cm ÷ 6平均是182 cm呀！

(尽管小黑怪在大家面前非常傲慢，但当大家得出答案时，他一点毛病也没找着。)

嘟　嘟　真是个怪物！

1. 某中学相扑运动员们的身高如下表所示，求他们的平均身高是多少？

	A	B	C	D	E
身高	170 cm	165 cm	172 cm	168 cm	175 cm

2. 全家去郊外采花，父亲采了42朵，母亲采了46朵，哥哥采了38朵，我采了28朵，问大家平均采了多少朵？

把钓来的鱼分开

（小黑怪一去就没下落啦，大家还是愉快地钓着鱼。这回嘟嘟也钓了不少，钓鱼的成绩如下。）

罗伯特15条

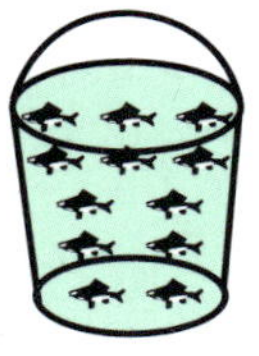
米丽娅12条

开心博士10条

大块头7条

嘟嘟10条

胖噜噜19条

萨沙23条

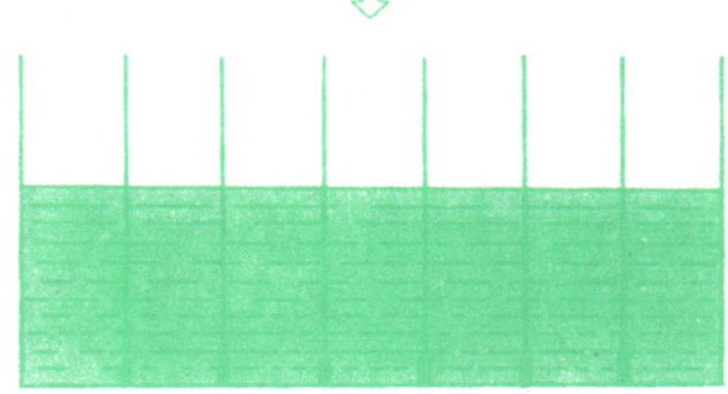
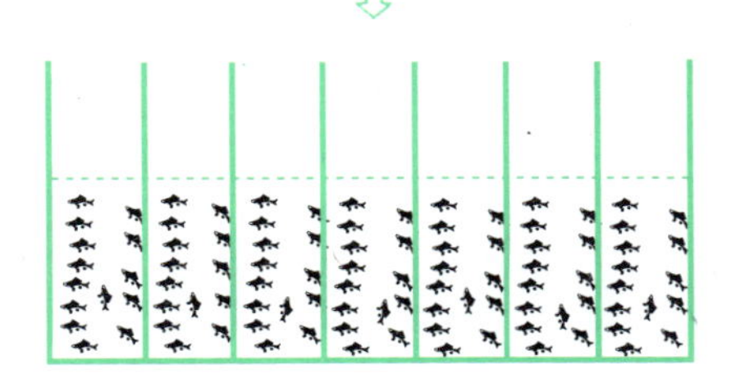

开心博士　每人平均多少条？

罗伯特　如果对鱼也像水那样的液体一样思考，绘个水槽，就容易解决了。

萨　沙　要是求全部的和有

15+12+10+7+10+19+23=96

这是没有被切割的槽啊。

米丽娅　计算一下

$$96 \div 7 = 13.\dot{7}1428\dot{5}$$

这是无限循环的小数呀。

罗伯特　呀，用四舍五入求到小数第一位是13.7，答每人平均钓了13.7条鱼。

萨　沙　说13.7条，有点不好理解呢。

某校学生4人，捕青蛙用于实验，各自捕的蛙数是3只，2只，6只，1只，求每个人平均捕了几只？

诸位已明白了平均的意义。因此就能求出各种东西的平均值啦。做做下面的题吧，这当中也许有古怪的呢！

1. 有装在桶里的洗涤剂21 dl 三个组使用，问每组平均使用多少分升?

2. 某家有四只母鸡，下表是四只母鸡在3天里产的蛋数。

	A	B	C	D
第1天	●	● ●	●	
第2天		●	● ●	●
第3天	●	●	● ●	

(1)A平均每天产几个蛋?

(2)第2天平均每只鸡产几个蛋?

(3)在3天时间里，哪只鸡平均每天产的蛋最多?

3. 一家人吃橘子，父亲吃的一个橘子里含有13个籽儿，母亲吃的橘子里含有4个籽儿，儿子吃的橘子里含有7个籽儿，求每个橘子平均含有多少个籽儿?

4. 两个小组(每组5人)一起上山采集昆虫。之后两组比较了采集结果 (见下表)， 问哪个组平均每人采得多?

· 一小组

a	b	c	d	e
● ● ●	● ●	●		● ● ●

· 二小组

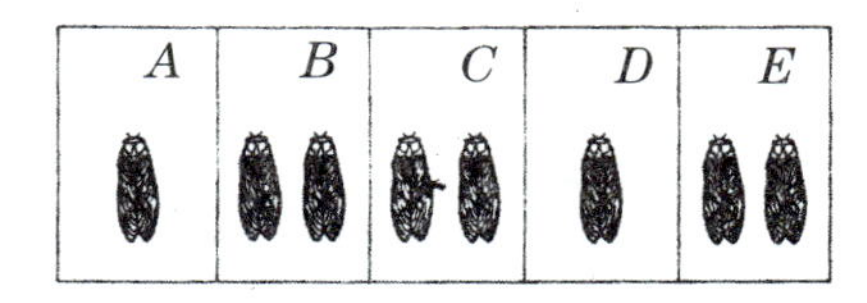

A	B	C	D	E
●	● ●	● ●	●	● ●

每人多少汽车票钱?

喜　鹊　到小镇去的汽车费为80元，可是800元能买1枚允许11个人乘坐的本票，现在有26人要一起去小镇，那么，每人平均汽车费是多少钱?当然，买两枚本票能乘22人，余下的就正常买票了。

萨　沙　把前面的水槽图改造一下，因为有26人去，把水槽分隔26份，把钱视做水，要是注入水，就成为左图那样。

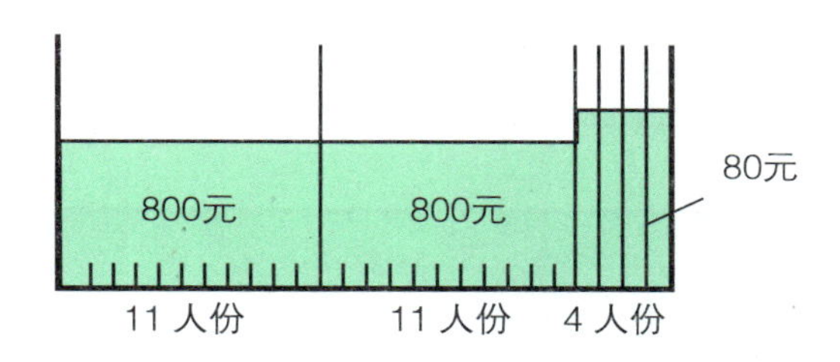

米丽娅　高，高，因为800元的本票是2枚，可供22个人乘用，平均每人80元的是4人，这个图也出来了。

萨　沙　接着求，付出全部的钱是多少就可以了。

米丽娅　去掉隔板吧，瞧，水面变平啦，用这个式子可以求出全部的钱数了。

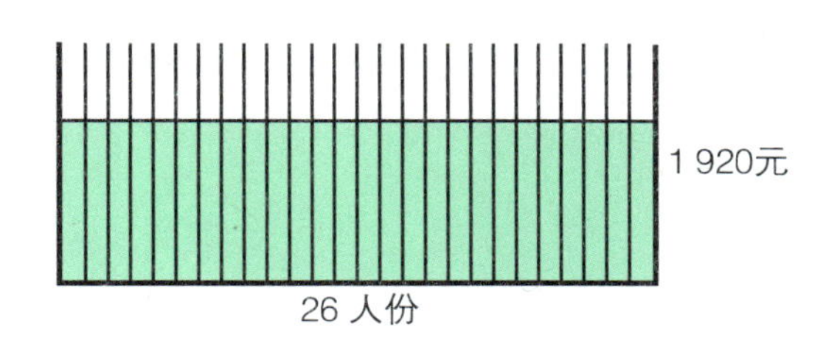

萨　沙　把水槽分成26份，然后计算每一个隔里的1份是多少钱。

米丽娅　嗯，如果用26去除的话，就是一个人付出的那份钱。

(800元 × 2+80元 × 4) ÷ 26=
1 920元 ÷ 26 ≈ 73.8元
元以下四舍五入，所以
每人平均74元。

从车站到动物园的汽车费是每个人80元，买一枚可供11人乘坐的本票是800元，有28个人一起去动物园，要是利用本票，问每个人的汽车费是多少钱?

(米丽娅他们跑出去捉蝌蚪。在那儿与附近学校理科活动小组的人相遇了。米丽娅组和理科活动小组捉的蝌蚪数如下表。)

·米丽娅组	米丽娅	萨沙	罗伯特	大块头	胖噜噜	嘟 嘟	开心博士

·理科活动小组	A	B	C	D	E

开心博士　啊，这两个组捉了很多蝌蚪，哪个组多呢？

萨　沙　嗯，我们捉了42条，理科组捉了38条，当然我们捉的多啦！

开心博士　比较一下每个人捉的数量，哪组多呢？

罗伯特　我们是

$$(7+9+8+6+8+4)\div 6=7$$

平均每人7条。

米丽娅　等等，在我们小组里开心博士也得算在内呀。所以算式应该是

$$(7+9+8+6+8+4+0)\div 7=6$$

应该是每人平均6条。

罗伯特　是嘛，马虎了。

萨　沙　理科组的情况是

$$(9+8+7+9+5)\div 5=7.6$$

每人平均是7.6条。

罗伯特　究竟谁胜了，一平均米丽娅组：6条。理科组：7.6条。结果我们输了。

开心博士　是的。比较这样的集体情况时，用平均进行比较是容易清楚的。

龋齿的比较

喜　鹊　这次是龋齿问题，米丽娅班和萨沙班进行龋齿检查，检查结果如下表。请比较哪个班的龋齿多？

米丽娅班

龋齿数	0	1	2	3	4	5	6	7
人　数	6	4	8	7	7	3	2	1

萨沙班

龋齿数	0	1	2	3	4	5	6	7
人　数	5	6	6	7	8	2	1	0

米丽娅　首先，必须找出全部龋齿有多少颗。我们班情况是这样的：

0颗的6人，0×6=0；1颗的4人，1×4=4；2颗的8人，2×8=16，这是普通的乘法计算。0+4+16+21+28+15+12+7=103，103是我们班全部龋齿颗数，再用我们班的人数一除，我们班的人数是

6+4+8+7+7+3+2+1=38

103÷38=2.71…

四舍五入到小数第一位，我们班龋齿的平均数是2.7颗。

萨　沙　这回该求我们班龋齿的平均数啦。列算式的方法是，用全班的人数除班里全部龋齿数。因此

5+6+6+7+8+2+1+0=35

这35颗是全班共有龋齿数。

罗伯特　萨沙你错了。那是你班的人数，不是全班的龋齿数。找找原因吧。

萨　沙　是吗?于是萨沙认真地做起来。0颗的是5人，$0\times5=0$，像这样依次用乘法计算，然后得

0+6+12+21+32+10+6+0=87

因此$87\div35=2.48\cdots$，用四舍五入求到小数第一位，则是2.5颗。

罗伯特　米丽娅班平均龋齿数是2.7颗，萨沙班平均龋齿数是2.5颗，因此，米丽娅班的龋齿数多呀。

米丽娅　哎呀，我只有一颗龋齿。

开心博士　米丽娅，2.7−1=1.7(颗)，这么说你的龋齿数比平均数少1.7颗。

萨　沙　我的龋齿数是4颗。4−2.5=1.5，与平均数比多1.5颗呀，真糟糕。

开心博士　哈，哈，哈……都是过多地吃巧克力的结果呀。

1. 甲小组和乙小组去采蘑菇。甲组是6个人，采的蘑菇数见下表：

A	B	C	D	E	F

乙组是5个人，采的蘑菇见下表：

a	b	c	d	e

问哪个组平均采的多?

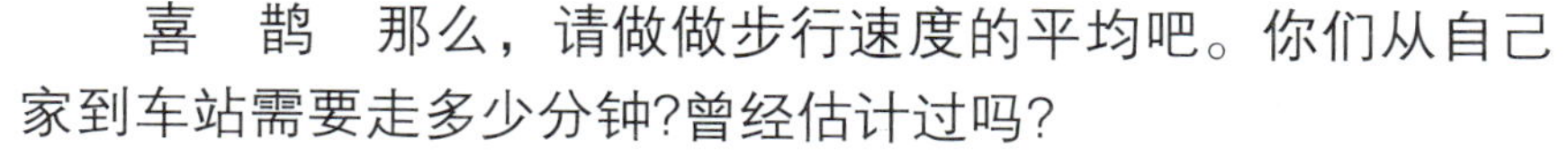

有关步行速度的平均

喜　鹊　那么，请做做步行速度的平均吧。你们从自己家到车站需要走多少分钟?曾经估计过吗?

萨　沙　我的家因为在车站附近，需要5 min左右吧。

喜　鹊　那么，到车站需用多少时间?请看他们的估计吧。

(在此，根据三个人从自己家到车站往返两次需用的时间，制成了下表。)

米丽娅　罗伯特家离车站最远了，需要走15 min左右呢。

	第一次去	第一次归	第二次去	第二次归
罗伯特	15 min	16 min	14 min	17 min
米丽娅	8 min	10 min	9 min	11 min
萨　沙	5 min	6 min	5 min	7 min

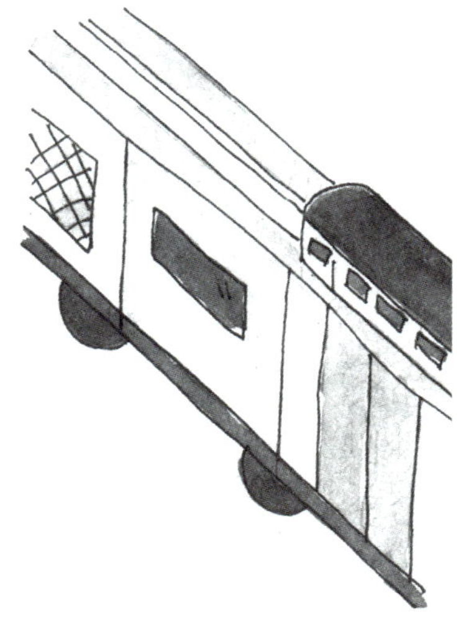

罗伯特　不说15 min左右了，按确定的数平均可以吗?先说我的情况是(15 min+16 min+14 min+17 min)÷4=15.5 min，平均是15 min30 s。

米丽娅　我的情况是(8 min+10 min+9 min+11 min)÷4=9.5 min，平均是9 min30 s。

萨　沙　我的情况(5 min+6 min+5 min+7 min)÷4=5.75 min，因为是5.75 min，平均是5 min45 s。可是对此必须注意，若想准确测出从家到车站的距离，只有求出步行的平均速度。

喜　鹊　完全如此。这样一来，要是知道了到车站的平均速度，外出时或者到车站接我父亲时就都非常方便了。

米丽娅　真是那样，能求出到车站或到学校步行的平均时间是非常有用的呀。你也做做吧!

平均是生活中必要的思维方式

开心博士　平均探险到此结束了。研究有关平均方面的内容是非常重要的，对生活也是极为有用的。比如，龋齿的问题，计算出米丽娅和萨沙的班级每人平均的龋齿数，而且，像求这样的平均比较，在其他的学校和我们的学校之间，也能进行，还有本国的孩子和其他国家孩子的龋齿也可以进行比较。

若想不长龋齿，就应该考虑究竟怎样做才好。还有像刚才喜鹊的问题，到车站啦，到学校啦，知道所需要的平均时间就方便多了。比如，五年级的孩子，一般都不知道步行速度是多少，这样，学校就不好确定徒步旅游计划。

若掌握学生步行平均速度，到哪儿去见习，或到哪儿去吃便饭，不都有用吗。说到这儿，我想学校应该制定一个能行得通的切合实际的时间表。

还有制定学习和工作计划时，也不能不考虑平均。但不能制定不合理的计划。你们的母亲在做饭的时候，也要考虑到你们的平均饭量。生活中存在着各种各样的平均。

为了正确的认识事物，为了更好地工作，平均也是不可忽略的大事。

应该考虑的大事呀，唔唔唔……

简单命中率的研究

开心博士说起概率，似乎是非常深奥的一个词语，其实不然，它的意义很简单。难得有机会，能让大家来做一场游戏，今天，都要抽签。我做了7支签，其中印有红符号的是“命中签”。如果谁命中了，他就会得到一个极漂亮的玩偶。

谁命中了呢?

米丽娅　哎呀，好极了！如果抽到“命中签”，就能得到那个可爱的玩偶吧?

开心博士　当然是啦。在7个人中抽签，要是抽到了一支“命中签”，就涉及“简单命中率是多少”的问题了。“简单命中率”就是所说的“概率”。

嘟　嘟　来呀，快点抽签吧。

罗伯特　由谁开始抽呢?抽的顺序对概率有关系吗?

萨　沙　不管按什么样的顺序抽，我想对命中人和命中率都没有关系。

米丽娅　呀，从我这儿抽吧，开心博士，可以吗?

(米丽娅抽的那支正好是印有红符号的。)

米丽娅　啊，我中啦!

罗伯特　一开始就命中了，结束了，真没趣儿。

胖噜噜　真是呀。开始就命中了，米丽娅运气真好。

(于是开心博士微笑着说。)

开心博士　啊，下面的人请抽签。

嘟　嘟　怎么抽也不能命中了。

开心博士　不是那么回事，抽着看吧。

(于是，嘟嘟抽了一支，也是那样的红签。)

嘟　嘟　哎呀，我也中啦!

(于是，大家抽起来了，抽的结果全是带有红符号的“命中签”。)

萨　沙　大家都中啦!怎么回事?开心博士压根儿就没做不中的签呀?

开心博士　哈哈哈……的确是这样。啊，大家都得到一个玩偶喽。

嘟　嘟　真高兴啊!

大　家　非常感谢!

开心博士　那么，刚才的7支签，不中的，一支也没有。

请大家考虑一下，这7支签的各种情况。下表是命中和不中的各种不同情况。

<table>
<tr><th></th><th>A</th><th>B</th><th>C</th><th>D</th><th>E</th></tr>
<tr><td>命　中</td><td>|||||||</td><td>||||</td><td>|</td><td>|||</td><td>|||||</td></tr>
<tr><td>不　中</td><td>0</td><td>|||</td><td>||||||</td><td>||||</td><td>||</td></tr>
</table>

开心博士　看这个表考虑一下从A到E的各种情况，哪个是你所希望的。一共是7支签，有的有命中签，有的全部都是命中签。现在，当从它们当中抽出一支时，不就能够知道“命中率”了吗?

罗伯特　A的情况是7支全部都是命中签，没有不中的签，因此这种“简单命中率”，我想是最高的了。

萨　沙　请看C的情况。命中签是1支，不中签是6支，所以这是最不容易命中的。

米丽娅　确实是这样。“简单命中率”各不相同，因此，能够进行比较。

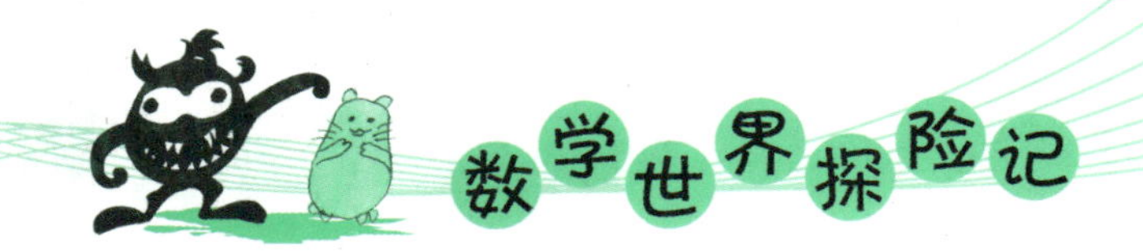

比较一下简单的命中率看看

开心博士　要是可以对“简单命中率”进行比较的话，那么，请把从A到E容易命中的顺序比较一下看，下表是用数字替换从A到E的签。

	A	B	C	D	E
命中	7	4	1	3	5
不中	0	3	6	4	2

罗伯特　使用不等号可以吗？

开心博士　啊，完全可以。

萨　沙　第一容易命中的是A啦，没有不中的。那么，第二是哪个呢？

米丽娅　不是E吗？在7支签中，有5支是命中的。

罗伯特　是的，第三是B啦，在7支签中，命中的是4支。

嘟　嘟　下一个是D啦。命中签是3支。

萨　沙　那么，用不等号比较看看。是这样：

$A>E>B>D>C$。

开心博士　是的，就是那样。

罗伯特　过去还没注意到“简单命中率”的比较呢。

开心博士　是的，像这样就可以进行比较；要是能抓住大小的顺序话，大小的顺序，这就被认为是“简单的命中率”的一种量。

米丽娅　嗯，能够进行这样比较了。

开心博士　那么，愿意做下面的抽签活动吗？……

1. 大家在进行扑克游戏。在从A到K的13张牌中抽出偶数和抽出奇数的概率哪个大？比较看看。

2.制作右表那样的签。最容易中的是哪个？最难中的是哪个？

	A	B	C	D	E
命中	3	5	7	2	1
不中	5	3	1	6	7

什么是简单的命中率？

开心博士　这里有7支签。注意看清A，B，C，D，E，F，G的名，这些里面包括一支命中签。因此考虑你所希望得到的那个“简单的命中率”，是A签还是G签，也就是说你认为最容易命中的是哪个？

萨　沙　这无法确定。命中签可能是A，也可能是G，还可能是其他的B，C，D，E，F。

罗伯特　我也认为，不能说这7支签中哪个容易命中。

开心博士　要认真考虑一下命中的可能性，即使抽哪个签都一样吗？

罗伯特　嗯。我不知道哪个是命中签，所以，我认为哪个签的“简单命中率”都一样。

米丽娅　因为不能靠抽签去明白哪个是容易中的签。

开心博士　是这样。像这样的情况，哪一支签的“简单命中率”都是一样的，但是如果命中签的数量不同，例如在7支签中，有2支是命中签，将怎么样呢？

萨　沙　那个情况，在7支签里，虽说只有2支命中签，也比在7支签只有1支是命中签，或者一支也没有的命中的可能性大。方才做过了呀。

开心博士　所以，这回用一个确定的数来考虑一下“简单命中率”的量看看吧。

用数考虑简单命中率

开心博士　请看下表。这回签的数也不只是7支，而是各种各样。

	①	②	③	④
命中	7	5	2	0
不中	0	5	8	10

萨　沙　①有7支签，7支全部是命中签。

嘟　嘟　④有10支签，10支全部都是不中签。

开心博士　是这样。像④这样，命中签一个也没有时，“命中率”就作为0。还有，像①这样，全部都是命中签，不中签一个也没有时，“命中率”就作为1。明白了吗?所以在②的抽签中，一支一支连续地抽，用数考虑一下它的“命中率”吧。抽的总数是10支，其中5支是命中签，假设深色的是命中签，参见右上图。可以用这样的式子表示

$$5 \div 10=\frac{5}{10}=\frac{1}{2}$$

每抽一支都具有$\frac{1}{2}$的“简单命中率”。

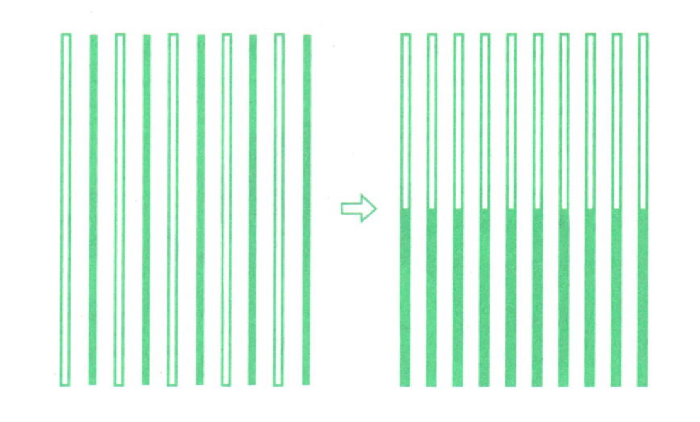

萨　沙　在试管里，命中签的颜色是平均流动的，如果设想平均行呢?

开心博士　完全可以。

罗伯特　所以在③的10支签中，命中签是2支，因此，如下图其颜色被平均，即

$$2 \div 10=\frac{2}{10}=\frac{1}{5}$$

“简单命中率”是$\frac{1}{5}$。

开心博士　是的，命中签的数被全部签的数除，则

①是$7 \div 7=1$

②是$5 \div 10=\frac{1}{2}$

③是$2 \div 10=\frac{1}{5}$

④是$0 \div 10=0$

都是除法。像这样用数来表示“命中的可能性的大小”就叫做概率。

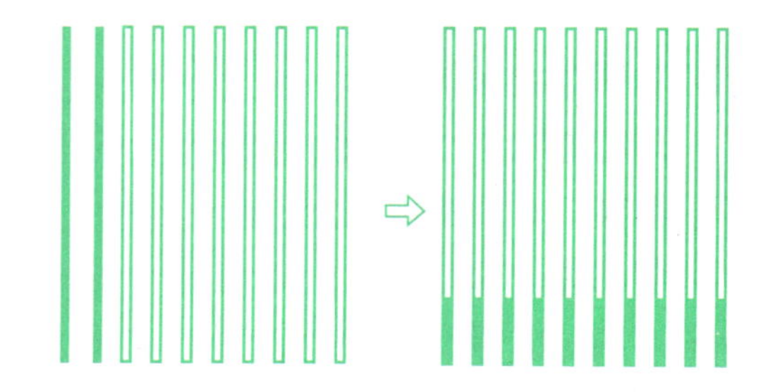

扑克牌游戏的概率

(米丽娅他们开始玩扑克了。所以要考虑各种各样的概率。)

(萨沙大声地说着笑话。)

萨　沙　我这里有8张牌，其中有一张混儿，那么抽混儿的概率是多少?

米丽娅　这很简单，$\frac{1}{8}$ 呗。

(米丽娅立刻答出来了。嘟嘟笑嘻嘻地抽1张牌，不是混儿。)

罗伯特　嗯，我觉得挺有趣儿的呢！萨沙和嘟嘟各打出一张牌，那么手中的牌是7张了吧，所以这次混儿的出现概率不是$\frac{1}{7}$了吗?所以再抽1张，又不是混的话，那么谁的手中都是6张牌了，其概率就是$\frac{1}{6}$了。这样抽混儿的概率渐渐地大起来啦。

萨　沙　真是这样。

米丽娅　那么，扑克牌打出再拿回来，于是手里总是以8张牌为基数，因此，抽混儿的概率就总是$\frac{1}{8}$吧。

罗伯特　嗯，是那样。(这回嘟嘟喊到。)

嘟　嘟　这里有从A到K的13张牌，其中抽奇数牌的概率是多少?

萨　沙　从A到K的扑克中，奇数是A，3，5，7，9，J，K，7张呀。一共是13张，所以$7\div13=\frac{7}{13}$，答是$\frac{7}{13}$。

(就这样，大家又考虑了从53张扑克中抽出红桃的概率，还考虑了抽出黑色牌的概率，一直玩到傍晚。)

（知道了用数来比较简单命中率，罗伯特和米丽娅，萨沙就用扑克、骰子编出了下面问题。大家一起看看吧。）

•罗伯特的扑克牌问题

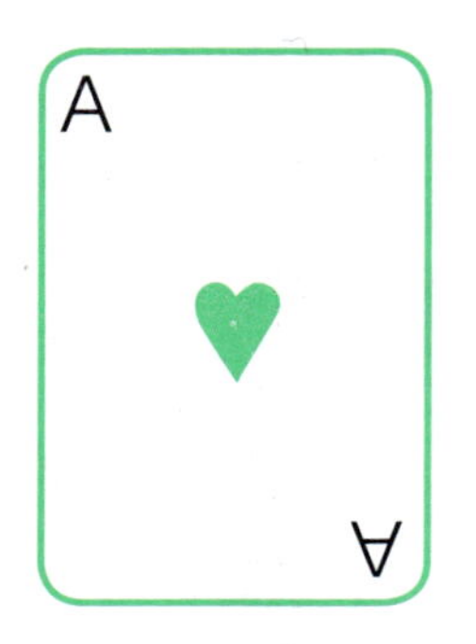

1. 从53张扑克中抽出混儿的概率和抽出A的概率哪个大？

2. 在红色扑克牌里从A到K是26张，抽比10大的牌的概率是多少？

3. 用从A到K的红方块牌，做抽出两张使之成为14点的游戏。现在我把方块4那张牌拿出去。在剩下的12张牌中，每抽出两张相加而成14点的概率是多少？

•萨沙的骰子问题

1. 掷一个骰子，每次出现奇数的概率和出现偶数的概率哪个高？

2. 有两个骰子，一个个交替平均掷下去，第一次是4，加上下一次掷出骰子的数，成为偶数的概率是多少？

3. 有两个骰子，一个骰子第一次出现6的概率是多少？两个骰子都出现6的概率是多少？

•米丽娅的红球、白球问题

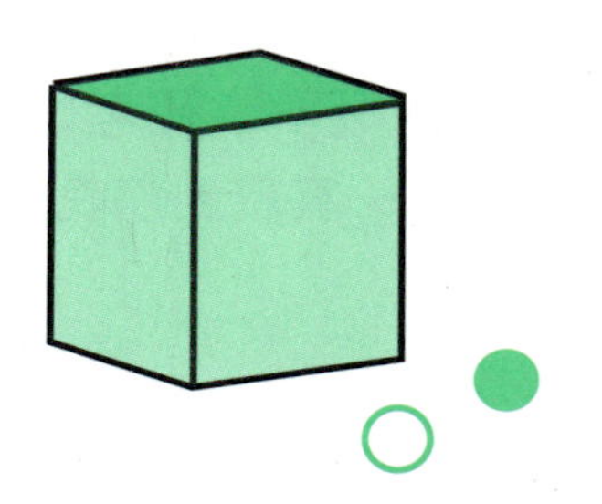

1. 在箱子里放进去10个红球和3个白球。把眼睛蒙上，用手伸到箱子里取球，请比较取出红球和白球的概率。

2. 刚才第一次从箱子里取出了红球。现在，从剩下的里面取白球的概率是多少？

3. 一开始取出的是红球，第二次取出的是白球。请比较一下，从剩下的里面取红球和白球的概率。

研究含有量

开心博士　明天带大家去一个有趣的地方好吗?在那里将会看到导管的烟雾完全被吸收了。

萨　沙　这么有趣儿的地方在哪儿?

开心博士　虽说是分析中心，可那里所研究的就是水或者空气等，都含有什么样的成分，以及含量多少的问题。

罗伯特　还检查被污染的空气和海水吗?

开心博士　是的，所以大家还可以把盐放进水中，配制食盐水，然后再进行分析。

米丽娅　有趣儿呀。能配制食盐水啦。

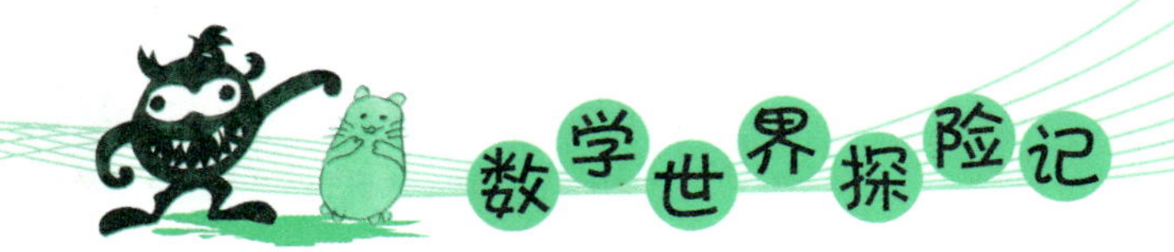

哪个食盐水咸？

（第二天，米丽娅、萨沙、罗伯特、嘟嘟四个人在那里配制起食盐水来。）

萨　沙　每个人配制的食盐水的浓度是不同的，这就需要进行准确的分析吧？

（在分析中心来迎接大家的是所长，是个皮球似的大胖子。

所长把大家领到分析室里，里边有两端带有导管的大机器，还有试管和酒精灯等。）

所　长　来，马上分析食盐水吧。

只要点燃了酒精灯，把食盐水倒在烧杯里，很快就会制成，见下表。

	A	B	C	D
食盐水的质量	5 kg	5 kg	3 kg	6 kg
所含食盐的质量	200 g	180 g	180 g	210 g

（A，B，C，D，分别是米丽娅，萨沙，罗伯特，嘟嘟配制的食盐水。）

罗伯特　真了不起，马上就能分析啦！

所　长　我提一个问题。A和B哪个浓，也就是说更咸一点？

米丽娅　这是我和萨沙的食盐水。

萨　沙　两份食盐水的质量是相同的，其中含盐量，米丽娅的多些，所以米丽娅的食盐水浓一些，也就是咸一点。

所　长　是的。那么，B和C呢？

萨　沙　我和罗伯特的。

罗伯特　其中含食盐量是相同的，而我的食盐水少。自然是我的食盐水浓而且咸。

所　长　那么A和D呢？

米丽娅　这可难啦！食盐水和食盐量都不一样。我和嘟嘟的不能比较。

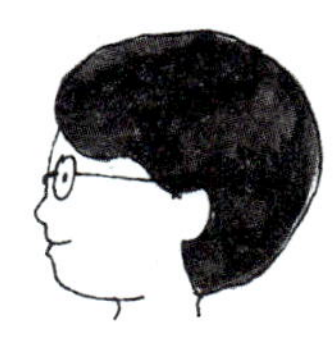

罗伯特　是那样吗?A和D真的不能比较吗?前面不是做过各种各样的求平均量的计算吗?计算一下肯定能明白的。

萨　沙　嗯，如果比较一下1 kg食盐水中的食盐量，不就清楚了吗?

米丽娅　是嘛!用图思考一下。画一个什么样的图呢?嗯，考虑到注入水槽里的是5 kg食盐水，那里含有200 g食盐，所以……

萨　沙　这个图怎样?(下面是萨沙画的图。好好看看吧。)

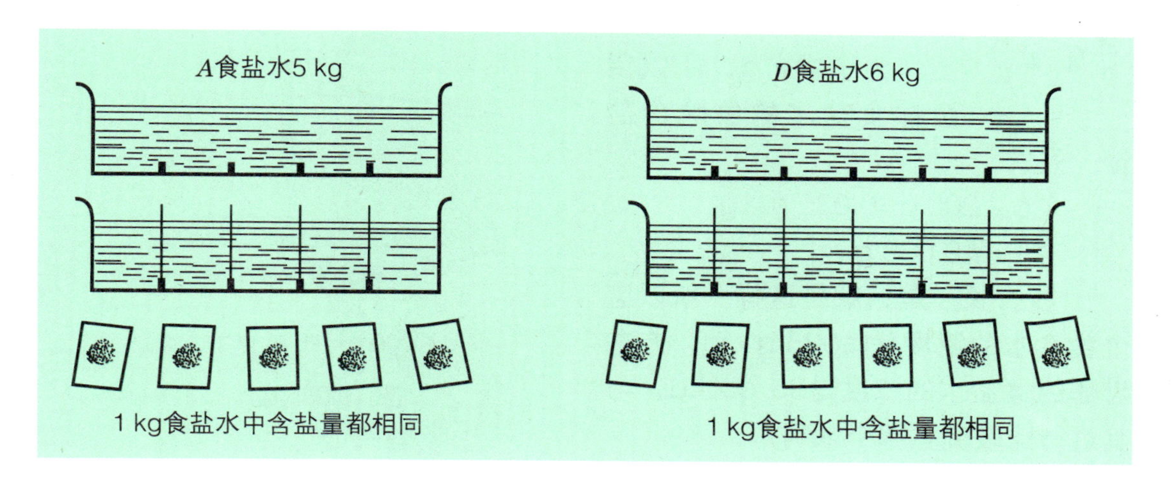

米丽娅　是呀，就是那样。于是，设x g是每1 kg食盐水的食盐量，按下图计算，就回答出来了吧。

萨　沙　是吗?如果用食盐水的量去除含盐量，不也可以吗?

嘟　嘟　米丽娅真了不起呀。这样难的题都能很快弄明白。

A的食盐水

食盐 200 g

x g

1 kg　食盐水5 kg

200 g ÷ 5 kg=40 g / kg

D的食盐水

食盐 210 g

x g

1 kg　食盐水6 kg

210 g ÷ 6 kg=35 g / kg

答：A的食盐水浓，当然也咸啦。

所　长　请考虑每1 kg食盐水的含盐量，并考虑到底是多浓。所说的40 g/kg中的g/kg，读做“克每千克”，这样表示就知道了每千克食盐水中含多少克盐啦，也能求出“每千克食盐水中含多少克盐”的问题。再出一个关于g/kg的题好吗?这里有溶解在200 g食盐水里的7 g食盐。在每1 g这样的食盐水里含有多少克食盐?

萨　沙　那么我做做看。于是用了右边的图。为了求x g，所以用全体食盐水的量除含盐量。列式

7 g÷200 g=0.035 g／g

答：是0.035 g。

所　长　是，就是这样。所以这个食盐水的浓度是0.035 g／g，方才嘟嘟的食盐水的浓度是35 g／kg，与其进行比较究竟哪个浓啊?

嘟　嘟　成了0.035 g／g和35 g/kg啦，我的35 g／kg毫无疑问是浓的。

米丽娅　怎么?

嘟　嘟　不管怎么说35 g比0.035 g的含盐量多呀。

罗伯特　你不懂，嘟嘟。“克每克”和“克每千克”必须一致啊，像g/g同g/kg这样单位不一致，是不行的呀。1 kg是1 000 g啦，g/kg对0.035 g时必须换算过来，即扩大1 000倍，所以0.035×1 000=35，也是35 g／kg。这和嘟嘟的食盐水相同的呀。

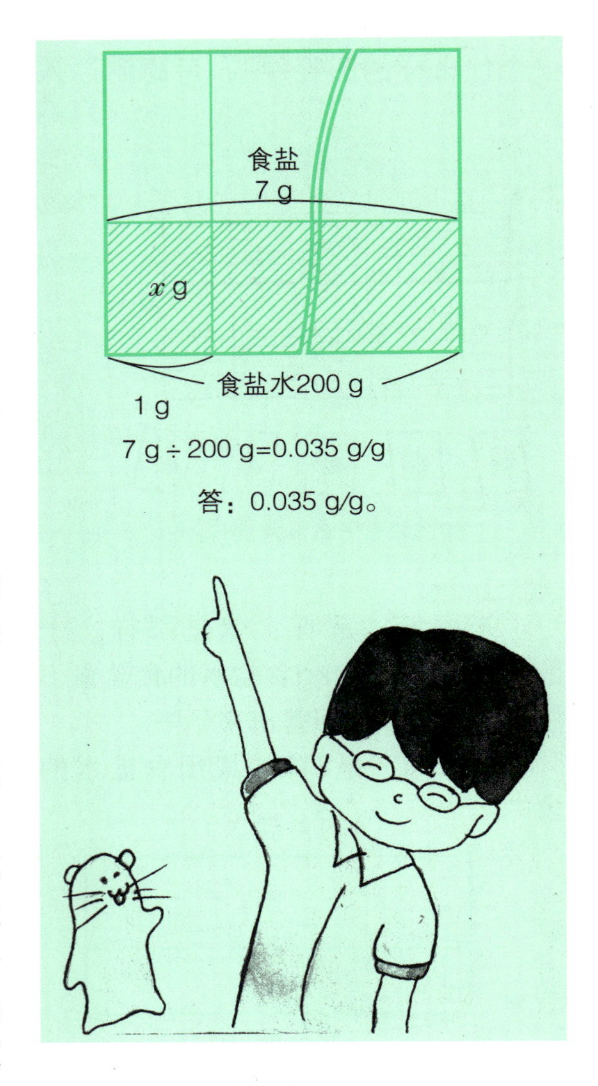

嘟　嘟　怎么?是这样吗?

分析中心有各种各样的分析仪。大家分析了各种物质并都感到很有趣。请诸位回答四个人的问题。

嘟　嘟　我要像大家吃饭那样吃豆酱。不过，我不知道每天吃的豆酱都含些什么成分。今天请对下表情况进行研究。求出在1 g豆酱里所含有的各种成分是多少?

•100 g豆酱的成分

水　分	47.5 g	糖　分	13.6 g
蛋白质	16.8 g	钙	115 mg
脂　肪	6.9 g	铁	4 mg

罗伯特　我承担这种分析工作。用热熔化金属，使金属与金属焊接上。焊剂是用锡和铅合成的。在35 g焊剂里铅是23.5 g，剩下的是11.5 g锡。求1 g焊剂中铅和锡的成分各是多少克?

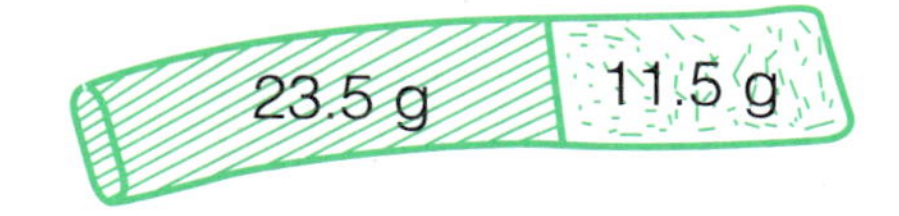

大块头　一到夏天，我是每天都要吃西瓜的。原来一天吃一次，约3 kg左右。今天借用分析仪研究一下西瓜的成分。在西瓜里有相当多的水分。下表是西瓜成分表。求每1 g西瓜里下表中各种成分的含量是多少。

•100 g中的成分

水　分	94 g	糖　分	5.2 g
蛋白质	0.4 g	脂　肪	0.1 g

萨　沙　我每天都吃鸡蛋。炒鸡蛋啦，煮鸡蛋啦，吃法是多种多样的。今天研究100 g鸡蛋的成分。根据下表，求每克鸡蛋的各种成分是多少。

•100 鸡蛋的成分

水　分	75 g	灰　分	1.1 g
蛋白质	12.7 g	钙	65 mg
脂　肪	11.2 g	磷	230 mg

这个房间里有多少氧气

（皮球似的胖所长让我们观察有条管子通入的塑料袋像皮球似的慢慢地鼓起来了。里面好像并没进去什么。）

萨　沙　究竟进去了什么?

所　长　哈哈，充进去的是空气。现在给你们分析一下吧。

(所长按了一下机器的一个键子，便从机器里传送出带式记录器的记录，上面工工整整地写着。)

刚才空气无异常

空气成分如下表

成　分	氮	氧	氩	其 他
m^3/m^3	0.78	0.21	0.001	0.001

萨　沙　哎呀，真是了不起的机器呀!

米丽娅　所谓m^3/m^3，就是在每1 m^3空气中包含多少立方米的成分。

罗伯特　就是那样。

(所长高兴地说。)

所　长　从这个表可以思考新的问题啦。这个分析室长10 m，宽8 m，高5 m，那么有多少空气才能把这个分析室充满呢?

嘟　嘟　这个问题太简单啦。

$$10\ m\times8\ m\times5\ m=400\ m^3$$

瞧，立刻就做完了。

所　长　很好!不过，问题不只是这些哟。请看空气成分表。每1 m^3的空气中含氧是0.21 m^3，那么这个屋内的400 m^3的空气中含有多少氧气呢?

萨　沙　好难哪!

（罗伯特自信地说。）

罗伯特　罗伯特来了，我罗伯特说是说，做是做。那么从刚才的食盐水图中，不是能悟出点什么吗？

萨　沙　刚才，求的是平均每1 kg的食盐水的含盐量啦，平均每1 g食盐水的含盐量啦，所以像左边第一图那样。

米丽娅　那这回则像第二图那样，不是每1 g食盐水的含盐量，是其中的全部的食盐量。要明白g／g是除的意思。

于是，列出求x的式子是

$$0.035\ \text{g}/\text{g}\times 200\ \text{g}=7\ \text{g}$$

这不是乘法吗？

罗伯特　嗯，就是这样。所以刚才说的空气问题是第三图。因为在1 m^3空气中只含有0.21 m^3的氧气，所以求x m^3氧气即是

$$0.21\ \text{m}^3/\text{m}^3\times 400\ \text{m}^3=84\ \text{m}^3$$

答是84 m^3。

所　长　哎呀，了不起呀。三个人都很顺利。

（听说三个人，那不包括自己啦，嘟嘟不满地弯下了身子。）

第一图(萨沙)

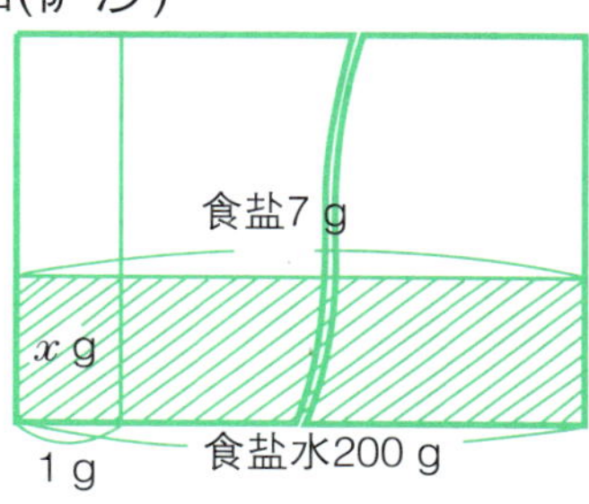

x g／g=7 g÷200 g=0.035 g／g

第二图(米丽娅)

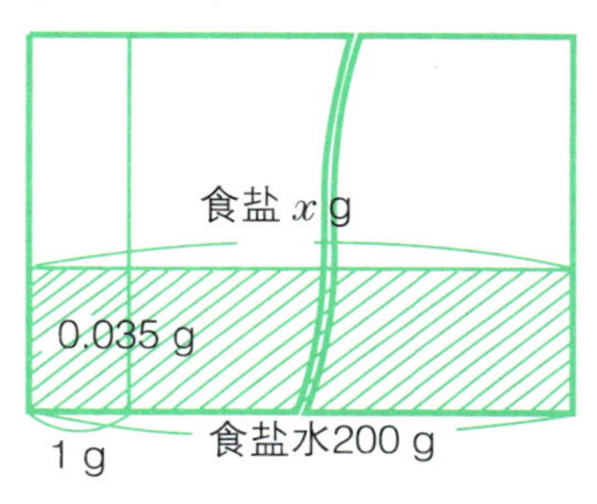

x g=0.035 g／g×200 g=7 g

第三图(罗伯特)

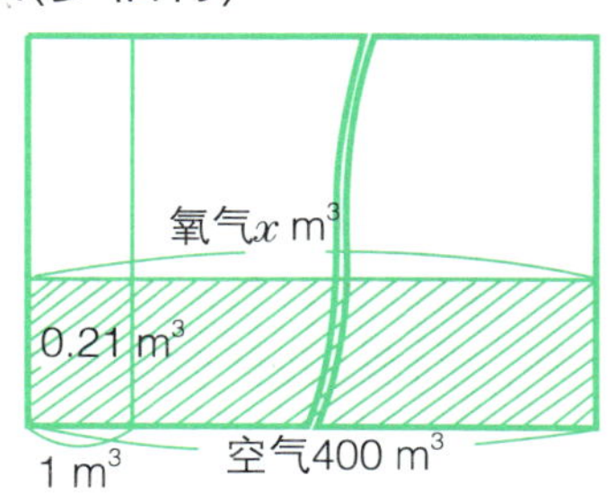

0.21 m^3／m^3×400 m^3=84 m^3

答：84 m^3。

对刚才的空气问题，就连我也很清楚。为此，这回我出个关于食盐水的题。

1. 有1 g食盐水，其中含有0.002 g食盐。在这样的350 g的食盐水里含有多少克食盐呢?

2.请求出下表里相对应的空格中的量。

全部食盐水的量	20 g	150 g	4 kg	$14\frac{1}{4}$ kg
1 g食盐水中含盐量	0.3 g	0.01 g	0.03 g	$\frac{1}{2}$ g
全部食盐水中含有食盐的量				

我也出个题。空气和食盐水的问题都懂了吧?那么……

1. 1 g草莓汁液里含有维生素C 0.8 mg，喝250 g这样的草莓汁液，问其中有多少毫克维生素C?

2. 有火腿1 kg，内含有186 g蛋白质。如果吃200 g这样的火腿，其中有多少克蛋白质?

糖水的研究

所　长　这次为了嘟嘟，研究糖水问题吧。

嘟　嘟　糖水，太好啦。

所　长　那么听我说，这里有糖水。每1 g这种糖水里含有0.02 g的糖。如果只让水从这种糖水中连续不断地蒸发掉，最后出来25 g糖。问原来的糖水是多少克？

米丽娅　最后出来糖了，这题很有趣。嗯，首先,解图看看吧。已知平均每1 g糖水中的含糖量是0.02 g，也知道最后出来了25 g糖，那么，不知道的是什么呢？

萨　沙　嗯，不知道的是全部糖水的量，所以把它看做x g就可以了。

罗伯特　在1 g中是0.02 g糖，这样一直到25g……啊，罗伯特想出来了！这是除法，在1 g糖水中含糖0.02 g,在10 g糖水中含糖就是0.2 g;在100 g糖水中含糖就是2g,所以有

25 g ÷ 0.02 g/g=1 250 g

用这个方式除就可以了。

米丽娅　是的。罗伯特说对了。

萨　沙　弄了半天还是除法，太难懂啦。

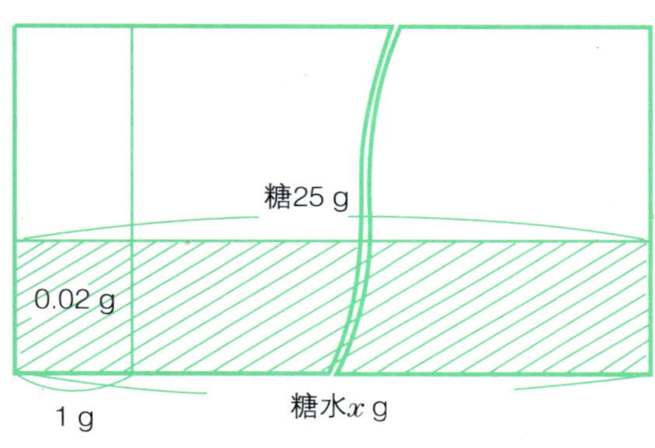

25 g ÷ 0.02 g/g=1 250 g

答：1 250 g。

开心博士　求平均量时也是除法。

所含食盐量 ÷ 食盐水量=浓度(g/g，g/kg)，浓度(g/g,g/kg) × 食盐水量=含盐量，如果把这个式子变换一下即糖水量=含有糖的量 ÷ 浓度(g/g，g/kg)。这些明白了吧？萨沙。

盐池是从自然界晒干海水中制取食盐的设备。今天，这种东西也罕见了。

黄油的生产：这里是广阔的牧场。黄油是从牛奶奶油中提取出来的脂肪，经过熬炼凝固而成的。

从菜籽(油菜的种子)中能提取菜籽油。

萨　沙　研究一下从海水里能提取多少食盐？从1 kg净海水里提取的食盐是0.028 kg。那么，在这块盐池想提取7 000 kg食盐，问必须用多少吨海水？

罗伯特　有趣的问题。那么。从右上图看列式是除法。答案是250 t。

萨　沙　回答得漂亮！

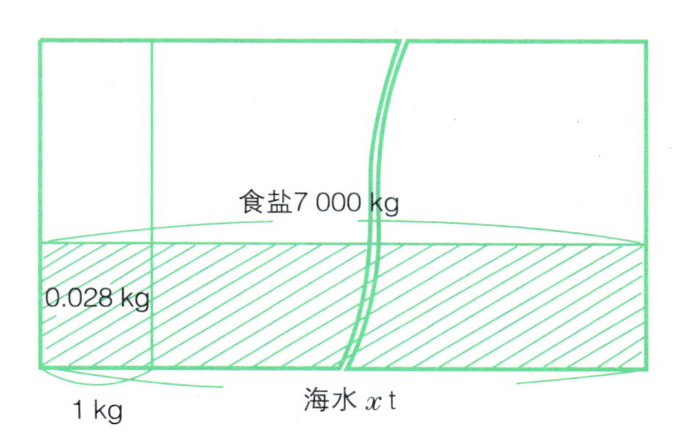

7 000 kg ÷ 0.028 kg/kg=250 000 kg

250 000 kg=250 t

答：250 t。

米丽娅　我研究黄油问题。为了制作黄油，从1 kg牛奶提取0.3 kg脂肪。今天，某黄油工厂提取了4.2 kg脂肪，究竟需要使用多少千克牛奶？

罗伯特　很好，做做看吧。首先用图来解释……用平均量来除，答是14 kg。

米丽娅　马上就做出来啦。

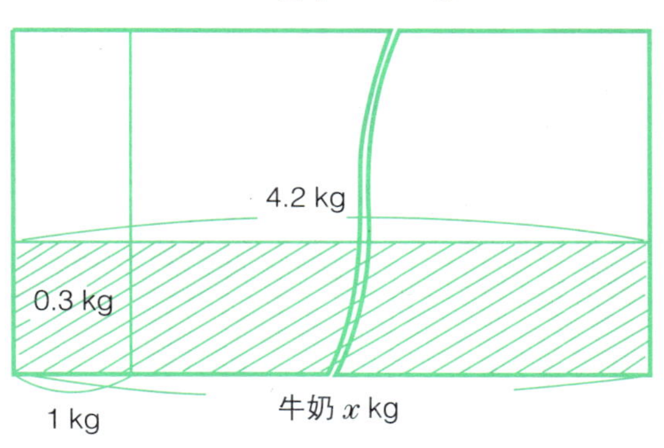

4.2 kg ÷ 0.3 kg/kg=14 kg

答：14 kg。

罗伯特　我是研究菜籽油的。在1 kg菜籽里含有0.38 kg菜籽油，那么，要想提取76 kg菜籽油，问需要多少千克菜籽，这个问题的确应该由萨沙来做，因为你一个也没做呀？

由图解开始吧。

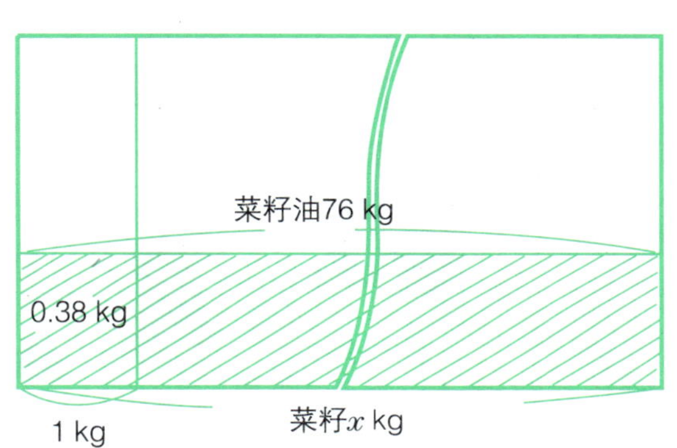

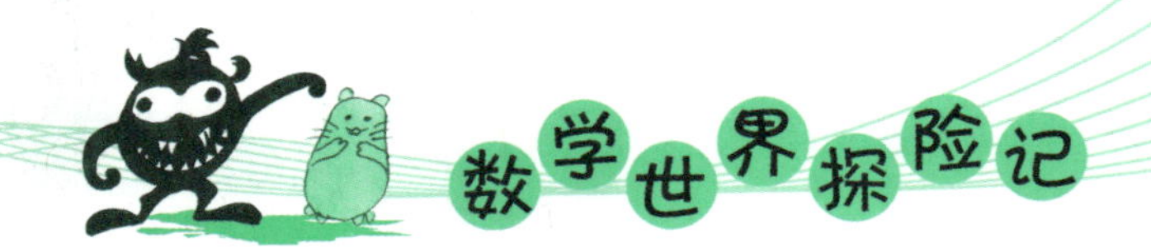

1. 海水问题。海水里含有食盐的量，根据场所而不同，例如，白令海是0.03 kg／kg，而哈得逊湾只是0.008 kg/kg。按下表，为了在各地海里分别提取5 t食盐，问各需多少吨海水?

地中海	哈得逊湾	波斯湾	白令海
0.035 kg/kg	0.008 kg/kg	0.037 kg/kg	0.030 kg/kg

2. 下表是表示制作各种小甜饼干所必需的黄油的量，请在下表的相对应的空格内填上正确的数量。

	A	*B*	*C*	*D*
制作1 g小甜饼干必需的黄油量	0.25 g	0.5 g	0.4 g	0.3 g
想制作小甜饼干的量	100 g	120 g	50 g	240 g
必需的黄油量				

关于混杂的情况

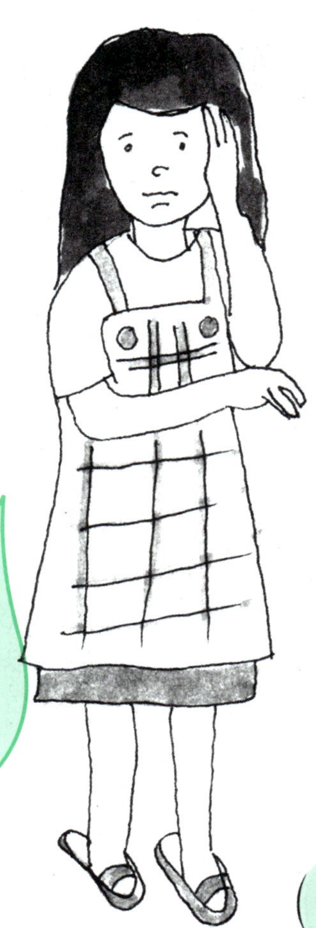

在米丽娅家里出现了麻烦。米丽娅的数学作业全都是母亲给作完的。尽管妈妈一再劝说她“要好好学习”，可米丽娅就是听不进去。甚至认为到这种程度，数学学的已经足够了!为此，母亲哀声叹气。

铁矿砂的混杂情况是……？

有一天，父亲说“洗海澡去吧。”米丽娅非常高兴。父母和米丽娅，还有刚上一年级的弟弟，一家四口人，说是到一个阳光明媚的海滨浴场，而米丽娅还带着一块磁铁去了。

米丽娅　我和父亲一起尽力收集铁矿砂，可是1 kg砂中究竟含多少千克的砂铁呢!

父　亲　噢，米丽娅对这事极感兴趣。可是，由于砂的种类不同其砂铁的含量也是不同的。噢，一般说来1 kg砂中约有0.05 kg砂铁。(米丽娅的父亲是炼铁厂的技术员，他熟悉金属的情况。)

米丽娅　于是，为了弄出100 kg砂铁那么就是(见右图)

100 kg ÷ 0.05 kg/kg = 2 000 kg

这就是说，大约必须收集2000 kg的砂。要是做以砂取铁的买卖怎么样?

(父亲吃了一惊。)

父　亲　这么点铁是不能做买卖的，但探险队不是可以用它研究计算吗?

米丽娅　是。(米丽娅一本正经的答应着，可这回却改变了研究方向，开始研究做豆沙糯米团和炒熟黄豆面的问题了。)

米丽娅　妈妈，炒豆面要用黄豆面和糖吗?

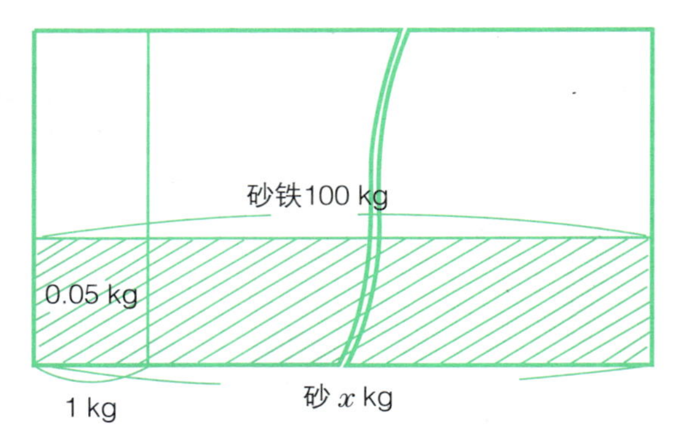

100 kg ÷ 0.05 kg/kg=2 000 kg

答：2 000 kg。

母　亲　是，还要少放一点盐。

米丽娅　炒熟黄豆面时，糖和盐放多少才合适?

母　亲　用多少克啊?这事我可说不好，我做的时候只是用眼睛估计它们的分量。

米丽娅　用眼睛能估计分量?这样就能做出好吃的饭菜?

母　亲　连你不也喜欢吃我做的饭菜吗?啊，你爱吃豆沙糯米饭团。

米丽娅　啊，我想知道炒熟黄豆面的掺和情况。这样，就能探险有趣的数学啦。

(妈妈有些为难。大海和天空闪耀着光辉。)

米丽娅对炒黄豆面的研究

父 亲 我们是来洗海水澡的，不是计算炒黄豆面的，不过你妈妈炒黄豆面时，豆面和糖的量差不多，盐是豆面的一成左右，这就可以做了。具体来说，用黄豆面100 g，糖90 g，盐10 g就可以了。

米丽娅 那么，请妈妈把下面相应的空格填上。

米丽娅在沙滩子上画的表

黄豆面	糖	食盐	总计（黄豆面+糖+食盐）	1 g炒黄豆面里的量		
				黄豆面	糖	食盐
100 g	90 g	10 g				

母 亲 这些玩艺妈妈可不懂啊。光在沙滩上玩了，和你父亲游泳去吧。（可是，米丽娅还是不放过妈妈。）

米丽娅 试试吧！看看这个图。(米丽娅在沙滩上画的图。)

米丽娅 总量能解出来吧？因此，在1 g炒黄豆面里，掺和进多少克黄豆面、糖和食盐呢，我想用总量去除黄豆面、糖和食盐，怎么样?这个表就完全了吧?

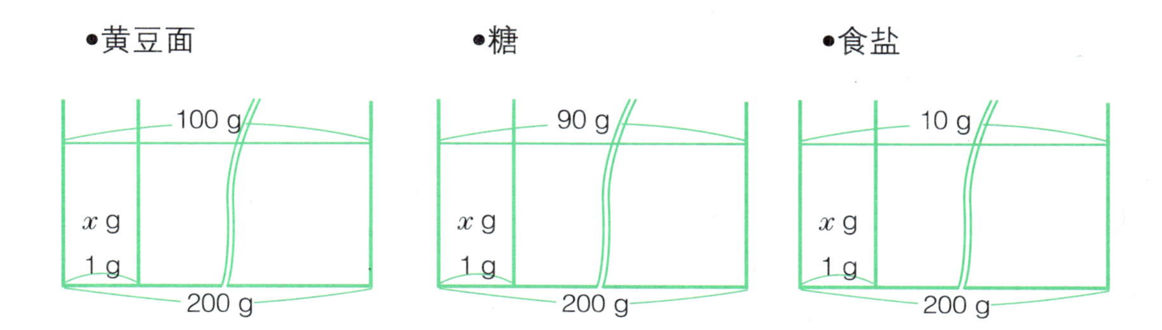

100 g ÷ 200 g=0.5 g/g　90 g ÷ 200 g=0.45 g/g　10 g ÷ 200 g=0.05 g/g

答：黄豆面 0.5 g/g，糖 0.45 g/g，食盐0.05 g/g。

不锈钢的研究

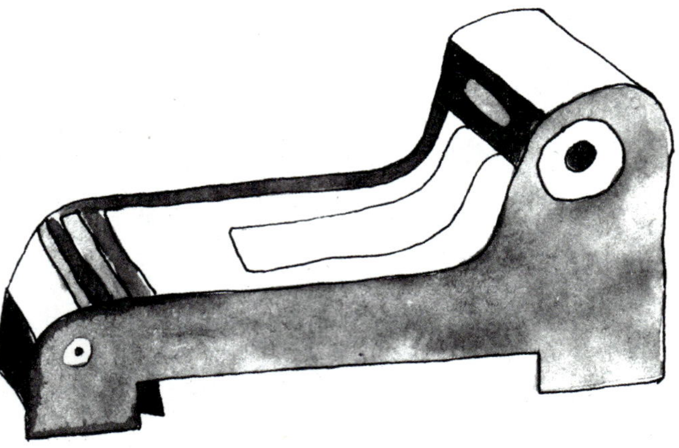

（米丽娅参观了父亲工作的炼铁厂。这个工厂是生产不锈钢的。）

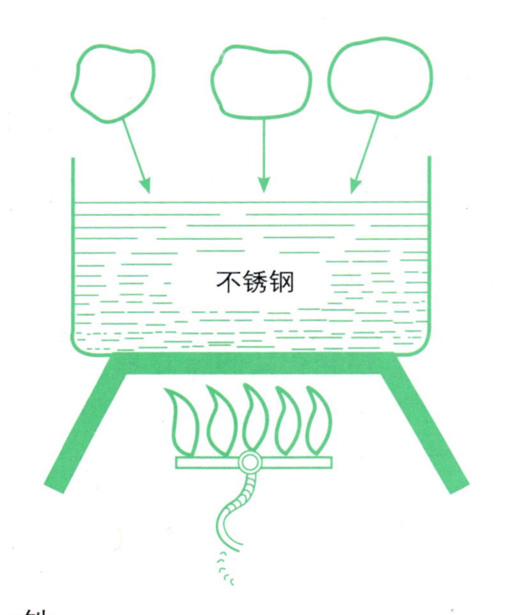

父　亲　那么，我出个题怎么样?不锈钢是铁、镍、铬的合金，想要制250 kg的不锈钢，要用185 kg铁，45 kg铬，20 kg镍，掺和在一起冶炼而成。那么，每1 kg不锈钢，需要多少千克的铁、铬和镍才能制成呢?

米丽娅　用图表来考虑，因为不锈钢总量是250 kg，像下图那样。

对于铁马上可以回答，是0.74 kg/kg。其余的请大家做做。每1 kg不锈钢里需要多少千克的铬和镍?

•铁

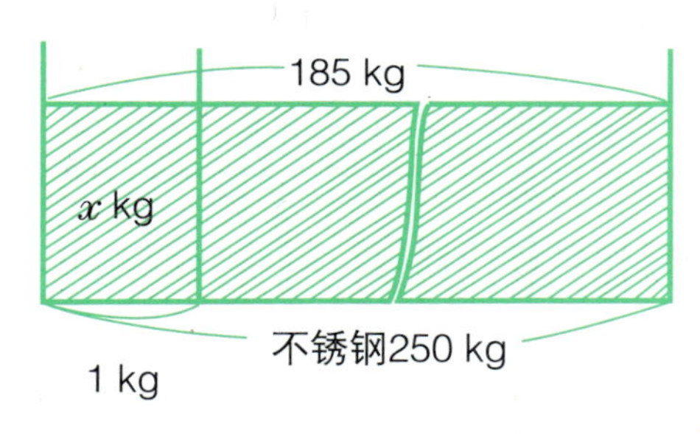

185 kg ÷ 250 kg=0.74 kg/kg

答：0.74 kg/kg。

•铬　　　　•镍

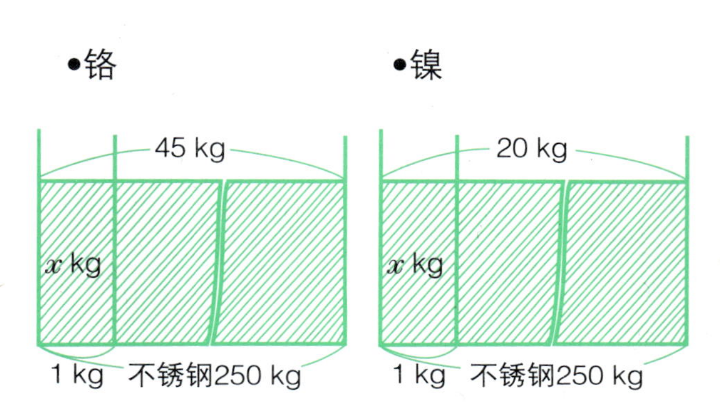

喜　鹊　像米丽娅那样为难母亲不好。但是，做做下面的题看看。这是米丽娅出的题。

米丽娅　父亲的工厂也制造飞机或喷气机等机体所使用的材料是超硬铝，这种材料轻便而坚硬。下表给出500 kg超硬铝的成分。那么，每1 kg需要各种成分多少克?

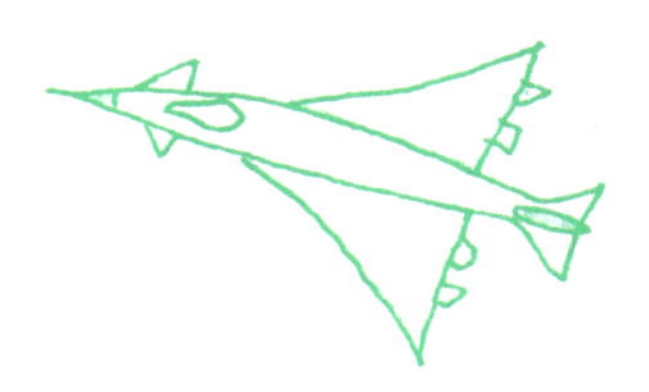

•超硬铝的成分

铜	10 kg	镁	7.5 kg	铬	1 kg
亚铅	40 kg	锰	1 kg	铝	440.5 kg

米丽娅　母亲给我们做了一种点心，下表是制作105 g点心的成分，问制作1 g这种点心需要多少克鸡蛋、牛奶和糖?

•点心的成分

鸡蛋	25 g	黄油	4 g
糖	16 g	香精	少量
牛奶	60 g	盐	少量

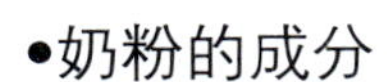

米丽娅　比较一下婴儿每天喝奶粉的成分吧。一般一次喝30 g易溶奶粉。下表是30 g奶粉的成分，请问每克奶粉中各种成分是多少?

•奶粉的成分

蛋白质	3.8 g	碳水化合物	19.4 g
脂肪	6 g	矿物质	0.8 g

小甜饼干的研究

（米丽娅最喜欢站前那个奇特的小甜饼店。于是就向店主询问了做小甜饼干的材料。）

店　主　使用哪些材料这是店里的秘密。尽管如此，为了满足你们对数量的探险，就告诉你们吧。下面那个表就是。

米丽娅　非常感谢！

小甜饼干的材料表（1 kg小甜饼干中的成分）

小麦粉	糖	奶油	鸡蛋	其他
0.4 kg	0.2 kg	0.1 kg	0.15 kg	0.35 kg

米丽娅　问题是这样的，在这个奇特的房屋里每天做50 kg小甜饼干。那么在这50 kg的小甜饼干中，掺进去的小麦粉、奶油、鸡蛋各是多少千克？

请看图分别求出来。

小麦粉 0.4 kg
奶油 0.1 kg
鸡蛋 0.15 kg
其他 0.35 kg
1 kg　50 kg小甜饼干

小麦粉　0.4 kg / kg × 50 kg = 20 kg

奶　油　0.1 kg / kg × 50 kg=5 kg

鸡　蛋　0.15 kg / kg × 50 kg=7.5 kg

答：小麦粉20 kg，奶油　5 kg，
　　鸡蛋　7.5 kg。

混凝土的研究

（米丽娅和嘟嘟一起，发现了混凝土搅拌机，立即提出个问题。）

米丽娅　不想知道混凝土的成分吗？这也是探险队进行数学探险的内容啊……

司　机　是探险数学吗？这可不简单。提起混凝土的成分，这个表就是。

米丽娅　非常感谢！

混凝土4 t

水泥 0.15 kg

沙 0.3 kg

碎石 0.5 kg

水 0.05 kg

1 kg

混凝土成分表(1 kg中)

水泥	沙	碎石	水
0.15 kg	0.3 kg	0.5 kg	0.05 kg

米丽娅　下一个问题是这样的。在搅拌机里放入4t混凝土。那么，从上表看，水泥、沙、碎石、水在4 t里各有多少千克？

米丽娅　水泥和沙由我来做，后面的碎石和水请嘟嘟做做看吧。

嘟　嘟　嗯。努力做一下。

（怎么样？嘟嘟的计算是正确的吗？）

4 t=4 000 kg

<米丽娅>4 000 kg×0.15 kg/kg=600 kg

4 000 kg×0.3 kg/kg=1 200 kg

<嘟　嘟>4 000 kg÷0.5 kg/kg=8 000 kg

4 000 kg÷0.05 kg/kg=80 000 kg

1. 制作了180 g草莓汁液，为了增加甜味又加进15 g蜂蜜。这样就变成195 g汁液了。那么，在1 g这种草莓汁液中加进了多少克蜂蜜呢?

2. 母亲做肉汤。为了使其变成凝固形态的皮冻，在150 g肉汤里加进了3 g制皮冻材料。那么，1 g肉汤里含有多少克制皮冻材料呢?

3. 喝速溶咖啡，在1 g咖啡里，含有0.02 g速溶剂。那么，在130 g咖啡里，含有多少克速溶剂呢?

4. 姐姐洗头发之后，进行冲洗。1 g冲洗液中含有0.08 g冲洗剂；冲洗一次，使用180 g冲洗液，那么其中含有多少克冲洗剂?

5. 在1 g柿子中含有30 mg维生素C。要想从柿子中得到850 mg维生素C，那么需要吃多少克柿子好呢?

6. 婴儿吸吮母亲的乳汁。1 g乳汁里含有0.03 g的脂肪。为在一次吸吮的乳汁中，吸取6 g脂肪，那么，应该让婴儿吸吮多少克母乳呢?

1.下表是制作180 g水羊羹用的材料。在1 g水羊羹中掺入的每种材料各是多少克?(水的答案给出来了。)

琼脂	水	糖	豆沙	盐
3.7 g	83 g	42 g	50 g	1.3 g

水　83 g ÷ 180 g ≈ 0.46 g/g

答：约为0.46 g/g。

2.下表是某厂制作100 kg灰浆的材料。在1 kg灰浆里掺入的各种材料各是多少克?

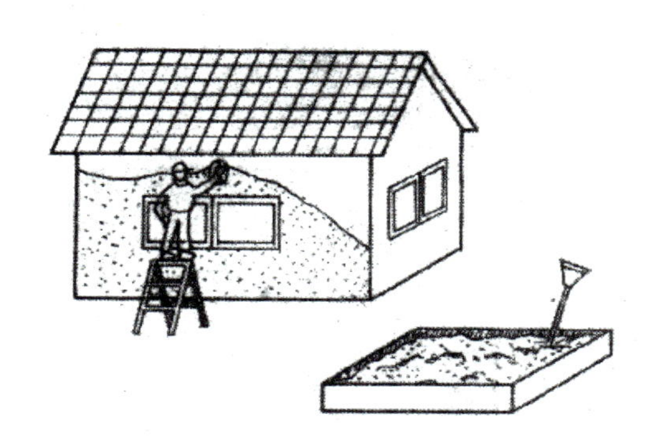

水泥	沙	水
31 kg	46 kg	23 kg

3. 看下图，请写出文字题。

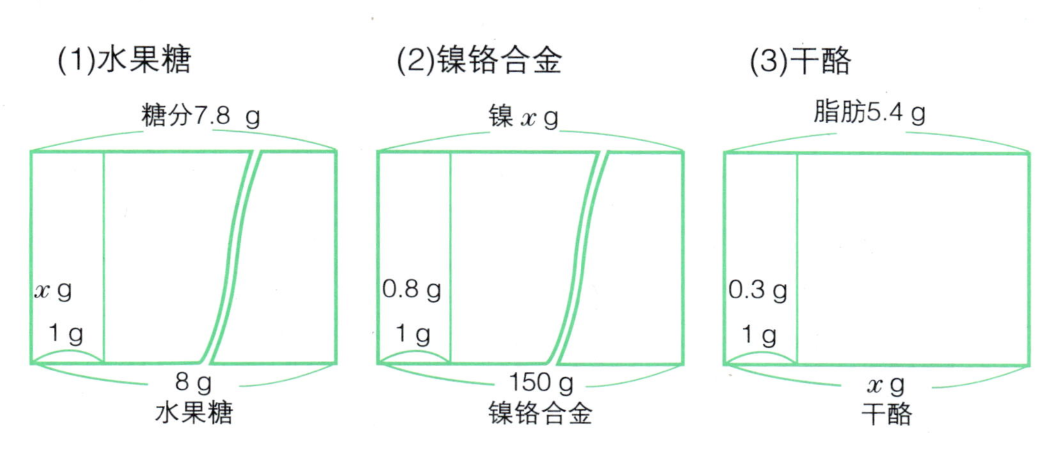

速度的研究

(开心博士研究室。开心博士站在机器电钮前面。)

开心博士　今天研究速度吧。按这个电钮，瞧，在电视里出现各种各样的具有速度的东西。

嘟　嘟　啊，还有火箭哪!

萨　沙　也有比赛用的汽车!

开心博士　那么，在你们三人当中，速度最快的是谁呀。

(那应当是萨沙，可萨沙自己从来不夸口。)

罗伯特　是萨沙。因为我不擅长体育，米丽娅和我差不多。

(罗伯特用诚挚的语调说着。)

开心博士　所有一切东西都有速度。今天我们就探险速度。

(萨沙突然插了一句。)

萨　沙　啊，是吗?连宇宙也动呀。

开心博士　嗯。是个问题。在地球上的所有东西，有不动的吗?地球本身是自转的，同时也围绕着太阳公转。

罗伯特　可是，开心博士，比如，奥林匹克的百米赛跑，要是加上地球的自转速度不就增加或减少了吗?

开心博士　是的。不过在地球上是感觉不到地球自转速度的，严格地说，“动的东西都有速度”。可是，速度怎么进行比较呢?

萨　沙　好哇，真是意外的收获哟。如果有速度的东西能同时出现该多好哇。

(开心博士一边点着头，一边又按了一下电视机的键钮。于是，所希望的都出现了，是动画。动画里动物们个个都排在同一起跑线上，一声枪响，一起跑了出去。动物们开始各随己意地乱跑起来。)

萨　沙　这是速度吗? 我不懂。

(萨沙不解地大声说着。)

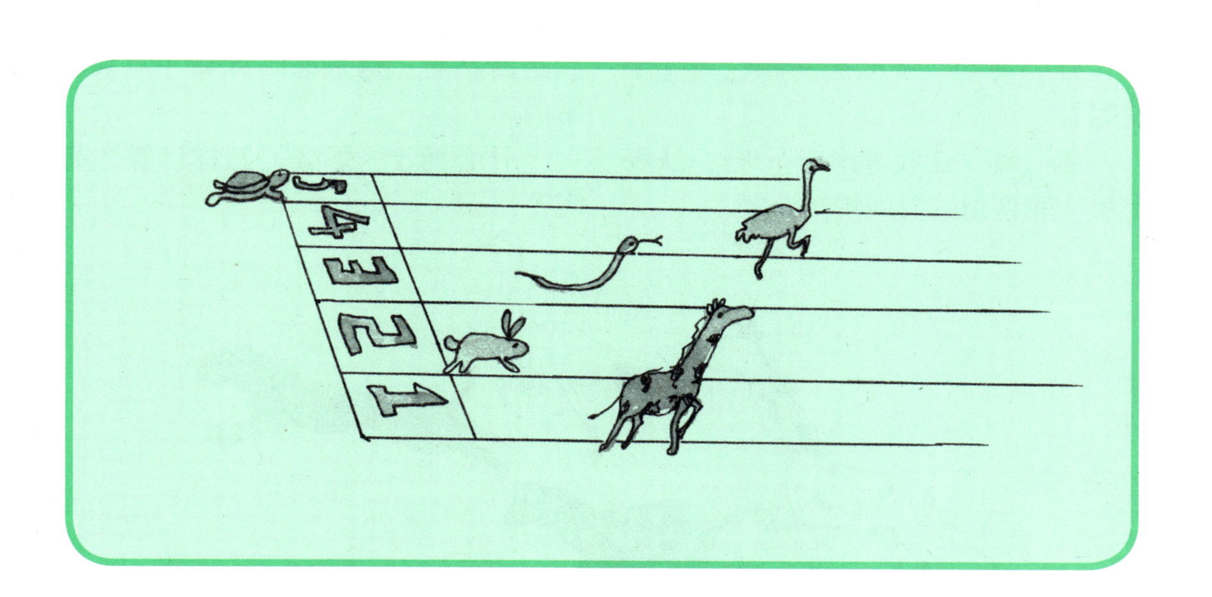

鸵鸟和猎豹哪个跑得快?

罗伯特　为了搞明白速度，我认为必须很好地研究跑的距离和所需要的时间。跑的距离如果是准确的，即便速度不同也没关系，秒表能准确地测出时间，我想也没有必要一定要同时开始跑了。

萨　沙　确实如此，了解了跑的距离和时间就可以了。

开心博士　那么请看下表。比较各种动物的速度吧。

嘟　嘟　全是些有足的动物啊!

	长颈鹿	斑　马	鸵　鸟	猎　豹
跑的时间	40 s	40 s	25 s	7 s
前进的距离	620 m	665 m	665 m	217 m

开心博士　那么，请比较长颈鹿和斑马的速度哪个快?

米丽娅　跑的时间都是40 s，前进的距离，斑马远一些，所以斑马速度快呀。

嘟　嘟　啊，长颈鹿跑得不快呀。

开心博士　那么斑马和鸵鸟哪个快呢?

嘟　嘟　让我考虑一下!嗯，从表上看，鸵鸟跑的时间短。

那么，前进的距离双方是一样的。因此，时间短的鸵鸟跑得快啦，斑马的速度不算快呀。

米丽娅　嘟嘟做得很好哇。

开心博士　那么，鸵鸟和猎豹比较一下看看是怎样的?

罗伯特　鸵鸟和猎豹，跑的时间和距离不同，这是必须计算才能看出来的。

开心博士　那么，怎样计算才好呢?

1 s跑多少米?

萨 沙 计算出平均每秒前进的距离，我想比较看看就知道了。

开心博士 要求出每秒前进的距离。因此，要特别注意被求的速度的准确性，它是同密度啦、温度啦相当的一种量，所以不能说快慢，正确的说法是“速度”。

萨 沙 是。

开心博士 那么，怎么求速度呢?

萨 沙 因为信心不足，我想还是用画图来考虑吧。

萨 沙 要是以猎豹为例，猎豹在7 s仅跑217 m。于是，我想用左图解释。

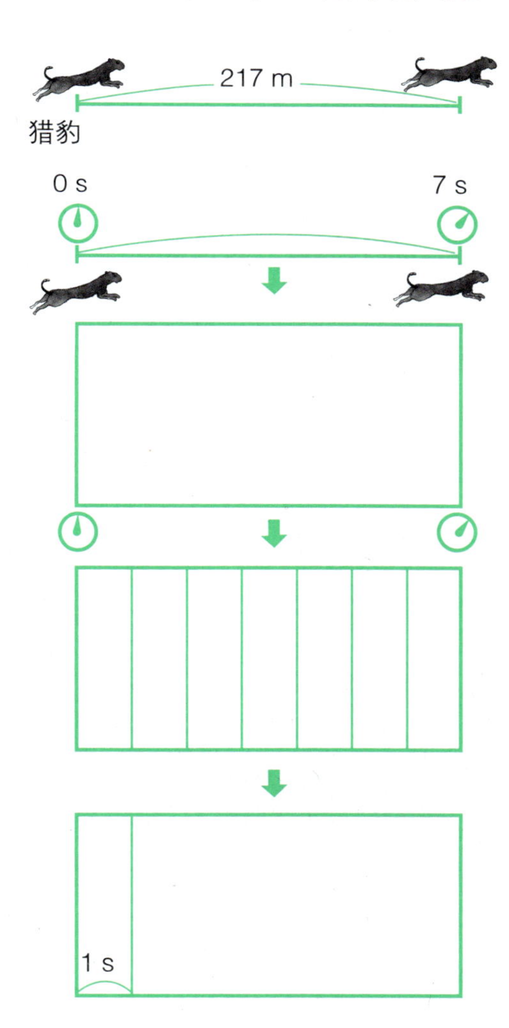

下图的x是每秒跑的距离，即m/s(米被秒除)，因为7s跑了217 m，把图像水槽一样分成7份。这就是

$$217\ m \div 7\ s$$

这个计算是用跑的时间除前进的距离。答案是31 m / s，这就是猎豹的速度。

米丽娅 解释得漂亮啊。下一个该计算鸵鸟的速度啦。

•猎豹的速度

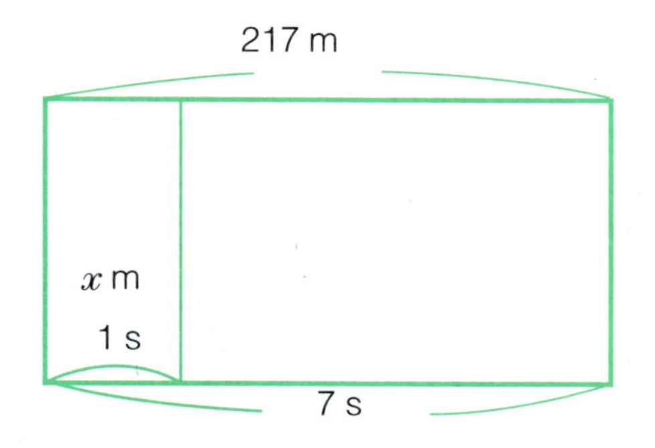

217 m ÷ 7 s=31 m/s

答：31 m/s。

•鸵鸟的速度

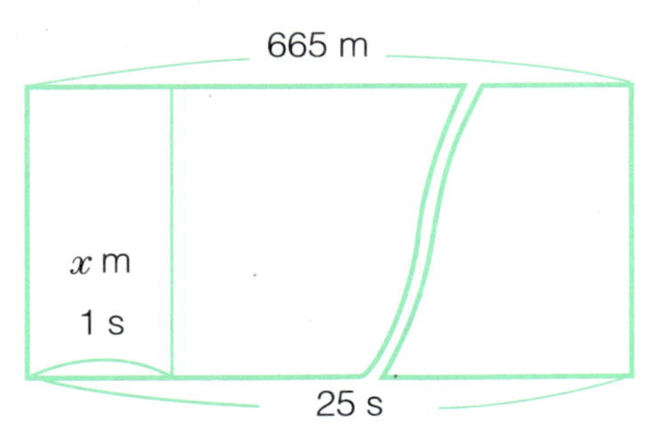

665 m ÷ 25 s=26.6 m/s

答：26.5 m/s 。

•人的速度

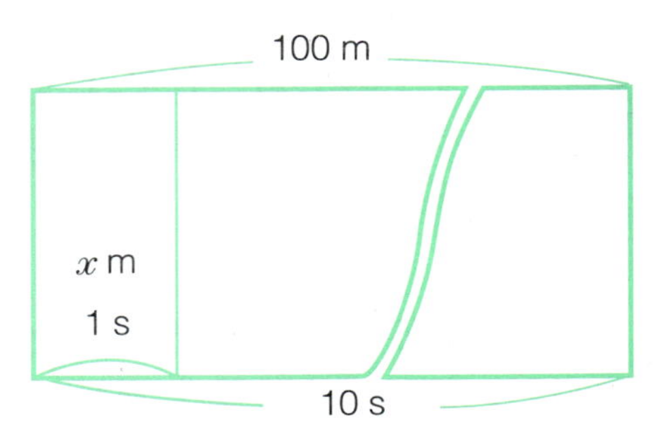

100 m ÷ 10 s=10 m/s

答：10 m/s。

米丽娅　鸵鸟25 s跑了665 m，像刚才萨沙做的那样，用距离 ÷ 时间来计算，答案是26.6 m/s。

如果和猎豹的速度比较，已知猎豹的速度是每秒跑31 m左右。

罗伯特　还是猎豹快呀。

萨　沙　人每秒能跑多少米？

罗伯特　在奥林匹克运动会上，100 m大约是10 s。所以

100 m ÷ 10 s=10 m/s

就是说人是每秒10 m的速度。

萨　沙　是嘛。所以鸵鸟的速度是人的3倍以上。

嘟　嘟　厉害呀。

开心博士　做得很好。距离 ÷ 时间=速度，这个式要很好地记住，大家必须注意，求每秒的速度是除法。如果时间单位是min，就叫做分速，是h就叫做时速。还有，把10 m/s，读做10 米每秒。

米丽娅　嗯，有时从广播中听到“台风以20 km每小时的速度向东北方向移动”等，现在我明白啦。

协和式飞机（3 060 km）

螺旋桨飞机（600 km）

直升飞机（250 km）

气球（8 km）

雨燕（350 km）

隼鸟（320 km）

蝙蝠（50 km）

蝴蝶（8 km）

新干线（高速化的线路）（210 km）

巡逻车（120 km）

摩托车（150 km）

汽车（40 km）

水中游船（90 km）

潜水艇（50 km）

鲨鱼（135 km）

青鱼（90 km）

人（6 km）

500 km/h　400 km/h　300 km/h　200 km/h　100 km/h

现在已经明白了，我们所看到的东西，其前进的距离除以所需要的时间就是速度。那么，眼睛看不见的光、声音、风等是怎样呢?眼睛看不见的仍然有速度。请听听有关这方面的谈话吧。

· 关于声速的谈话

要是观察远方的烟花，闪光过了一会儿才能听到爆炸的声音，雷也是这样，闪电之后才能听到轰隆隆的声音。由这些现象我们明白了声音比光的速度慢。声音在空气中前进的速度是每秒340 m，而光每秒是3×10^{8} m。大家听说过马赫吧，这就是表示速度与声速之比。2马赫，就是表示声音的2倍速度。

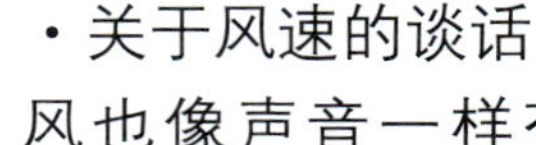

· 关于风速的谈话

风也像声音一样有速度，眼睛看不见风也有速度。在很多地方常常看到碗型的风速计，那就是计算风速的工具。风速是表示每秒多少米，其强度分13级，这是表示风力的。要是说风力是0，就是说烟囱冒的烟是笔直上升的时候。在陆地上，风力是10左右就是非常可怕的啦，树被折断，甚至连根拔起。台风时，风力也就是8~10级左右。

· 关于加速度的谈话

所谓加速度，有的人说是比较难理解的，其实就是在每秒钟所增加的速度。电车在前进时，突然提高速度，突然停住或转弯，人都站不稳，其原因就在于加速度。常常使用g作为加速度的单位。火箭从地球上飞出去时最大的加速度有$8g$。这些话稍难些吧?

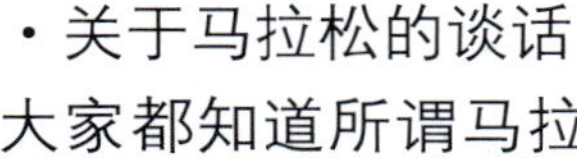

· 关于马拉松的谈话

大家都知道所谓马拉松比赛。据说，跑42.195 km叫做长跑比赛。这是距今1 500年前在希腊开始的事。马拉松是以希腊一条街道的名字而命名的。世界最高记录是埃塞俄比亚选手格布雷西拉西耶创造的，他的成绩是2 h 4 min 26 s(2007年)。这个时速是20.4 km。短跑运动员的时速是36 km左右。

· 关于身体的谈话

你们有过某些部位疼痛的感觉吧? 这是因为由于神经向大脑传递电脉冲而产生的感觉。电脉冲传导的速度是每小时210 km左右。人体其他方面也有各种各样的速度，比如血是从心脏流出的，在1 min内就能循环到人的全身；食物从口到胃需要7s左右。还有，喷嚏是台风速度的2倍，秒速为110 m。

（罗伯特、萨沙、米丽娅、嘟嘟四人分别做空中飞的，陆地跑的，水上行的，水里游的题，四个人回答挑战。）

•罗伯特（空中）

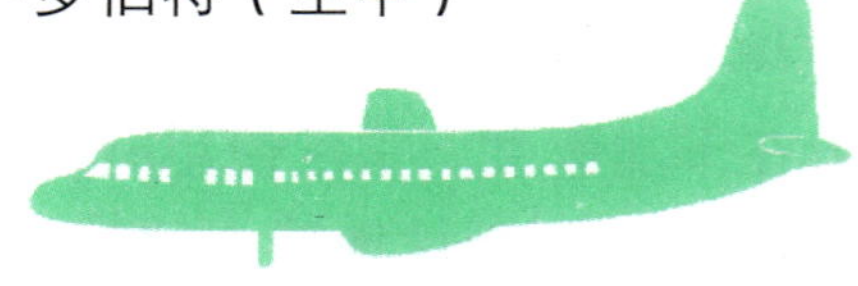

罗伯特　我是研究关于空中飞的问题的，做做看吧。

1. ys-11型飞机从甲地飞到乙地，飞了55 min，距离是290 km。问ys-11型飞机的时速是多少？

2. 气球和蝴蝶同速前进。蝴蝶15 min飞2 km。请问气球和蝴蝶的时速是多少。

•萨沙(陆地)

萨　沙　我出的题是关于陆地上跑的汽车和动物的速度。大家会做吗？

1. 消防车到着火现场是15 km的距离，鸣笛跑需要12 min。问消防车的分速是多少？

2. 我是擅长跑的，但怎么也赶不上邻居家狗跑得快。狗在20 min跑了24 km。求狗的时速是多少？

•米丽娅(水上)

米丽娅　我最喜欢在蓝蓝的海水上跑船。比较船的速度吧。

1. 渡船航行500 km的距离需要25 h，那么1 h能航行多少千米？

2. 帆船一般被风吹着跑，45 min前进11 km。那么，请问帆船时速是多少？

•嘟嘟(水里)

嘟　嘟　我出的是水里的速度题。

1.大马哈鱼产卵时从海回到河里，用30 min游22.5 km。问大马哈鱼1 min游多少千米？

2. 在海里最大的是鲸，据说长须鲸10 min能游8 km。问长须鲸的时速是多少？

前进的距离是多少千米

大块头　呀，好久没见面了!这回该轮到我出题了吧。

有一位朋友，买了一辆自行车。他的孩子能用0.5 km以上分速骑。于是，用这一速度骑15 min，问能骑出多少千米?

罗伯特　是个有趣的问题呢。萨沙，要是你，能否比0.5 km的分速更快一点呢? 作为题解，这是知道分速和时间求前进距离的问题。用图就明白了，列式为

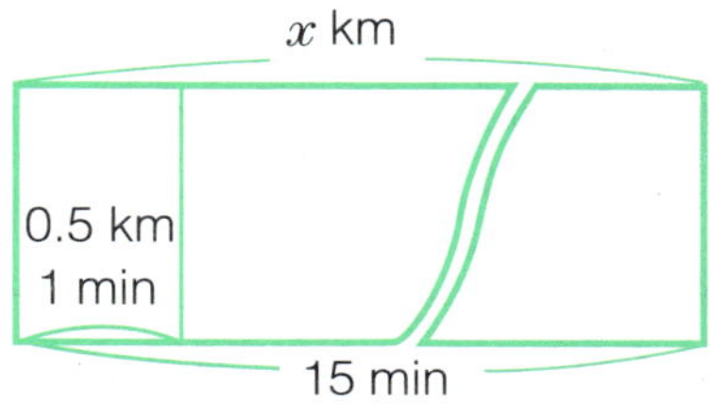

0.5 km / min × 15 min=7.5 km

距离 ÷ 时间=速度的式子可变换成

距离=速度 × 时间

萨　沙　嗯，做得很好!

0.05 km / min × 15 min=7.5 km

答　7.5 km。

1. 某汽车进行高速比赛，平均1 h高速跑180 km，据说跑了20 h。这个比赛将跑多少千米?

2. 发生交通事故时，伤员需马上送往医院，急救车用80 km的时速跑来了。现在知道急救车到肇事现场需20 min，问急救车到这儿的距离是多少千米?

3. 三辆洒水车边行驶边往道路上洒水，1 h前进10 km。这三辆洒水车用了2.5 h往道路上洒水，问洒水的距离是多少?

胖噜噜　下次是我出题啦，是山上庙里的钟声问题。某个地方有座庙。站在远处看，从看见庙里小僧敲钟恰好3 s后听到声音。声音传递速度是340 m/s。那么，从庙到听到钟声的地方距离是多少米？

米丽娅　是声速的问题。用图解释，算式为

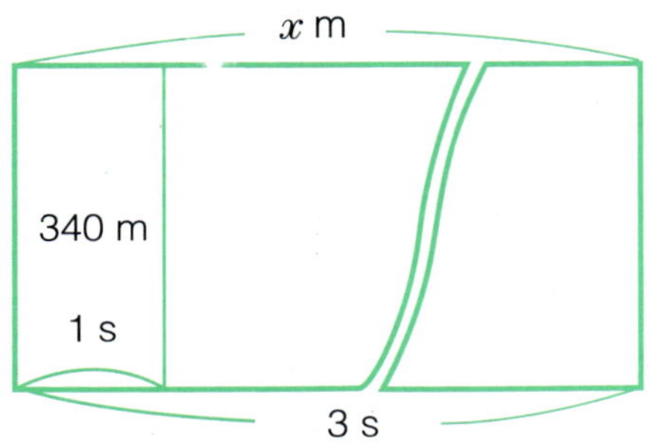

340 m / s × 3 s=1 020 m

答：1 020 m。

340 m / s × 3 s=1 020 m

答1 020 m。

胖噜噜　就是那样。

罗伯特　我只考虑雷的声音和打闪的问题，能推测出人从看见打闪的光到听到打雷的声音的时间，当然就知道雷的远近了。

1.从太阳到地球，光要走8 min19 s。光每秒钟走3×10^5km，那么，地球和太阳的距离是多少千米呢？

2.我在电视里观看田径运动会的开幕式，从看到开会的烟花，到听到它的声音是9 s，那么，从比赛场到我家是多少米呢？（声音每秒前进340 m。）

3. 夜深人静时，黎明在家听到车站火车的鸣笛声。这是发车时立刻鸣笛的，可是黎明在家却是7 s以后才听到。问黎明家到车站是多少米？（声速是每秒340 m。）

需要多少时间

大块头　这回是汽车速度问题。你知道没有公害的汽车吗?是不排出汽油废气的。这种汽车时速可达80 km。那么，用这辆时速80 km的汽车连续跑了372 km的路程，问需要多少时间。

萨　沙　啊!真快，坐这样的车多好。那么就思考一下吧。这次是求时间的问题，所以还是像右图那样。时间x是多少呢?有点难哪。

大块头　加油，萨沙!

萨　沙　像是乘法。这样做吧，用每小时80 km × 距离就得出时间啦，即

80 km/h × 372 km=29 760 h

答29 760 h。

胖噜噜　全部解完了。其答案正确吗?验算一下看看吧。

速度 × 时间=距离

所以80 km / h × 29 760h=372 km，这怎么可能呢?

萨　沙　啊，是吗。

速度 × 时间=距离，既然是这样时间=距离 ÷ 速度，不是吗。啊，这么说错啦，应该用除法计算，只要一看图就懂了。

大块头　不要气馁，继续努力呀，萨沙。

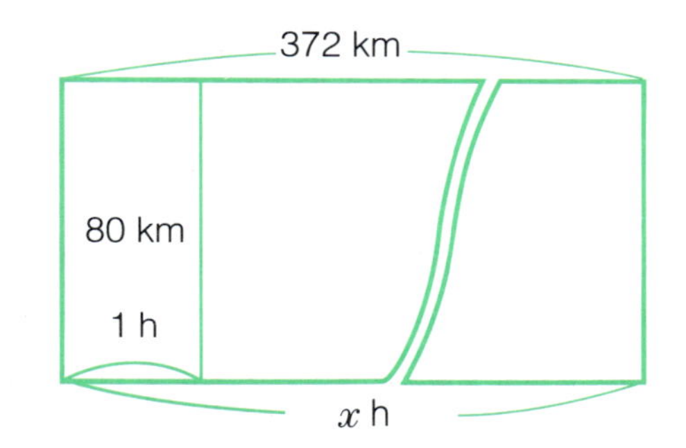

1. 汽车每小时行驶40 km。从公园到车站之间有24 km。那么汽车从公园行驶到车站需要多少分钟?

2. 现在盛行鸽子比赛。鸽子每小时飞120 km。比赛的距离是420 km，问需要多少时间?

开心博士　最后由我出个题吧。在所有的东西里，速度最快的是什么呢？

罗伯特　是光。

开心博士　是的，是光。光在真空里以每秒299 792 500 m的速度前进。现在把它作为300 000 km的秒速，从月球到达地球需要多少秒？想计算吗？从月球到地球的距离约是384 000 km。怎么样？会做吗？

米丽娅　嗯，做做看吧。像右图那样，用速度去除距离，就得出时间了，于是就列出右侧的式子，答案是1.28 s。

开心博士　就是那样。可是，大家知道吗？表示星球与星球之间距离的是一种叫做“光年”的单位。

萨　沙　嗯，是光在一年里前进的距离。

开心博士　是的。把1光年改成千米考虑一下是多远呢？

萨　沙　把年的时间改成秒

$365 \times 24 \times 60 \times 60 = 31\ 536\ 000(\text{s})$

因此

1光年$= 31\ 536\ 000\ \text{s} \times 300\ 000\ \text{km/s}$

所以此式就是问题的答案了。哎呀，好大的数字计算哪！

请计算看看吧。

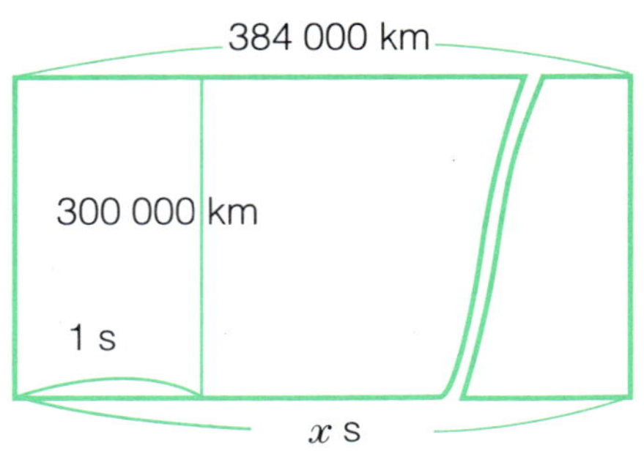

$384\ 000\ \text{km} \div 300\ 000\ \text{km/s} = 1.28\ \text{s}$

答：1.28 s。

1.马拉松比赛的选手约跑42 km，时速是19 km，问选手需要跑多少时间？

2.声音在海水里以每秒1 500 m的速度传播。声音从3 500 m深的地方传到海面，需要多少秒？

3.巡逻车每小时跑80 km。到刚才肇事现场去是25 km的路，问需要多少分钟？

对速度的探险结束了。大家都懂了吧?能求动物、飞机、船、声音、光和各种各样的速度。下面是速度方面的最后的问题，请大家努力吧，继续前进!

大块头　下表是我从书上收集的各种速度的一览表。请把各相应的空格填上。

	前近距离	需要时间	时　速
直升飞机	480 km		250 km
巨型喷气式飞机	3 500 km	3 h30 min	
袋　　鼠	180 km		72 km
狮　　子		20 min	64 km
大 蜻 蜓		35 min	90 km
燕　　子	75 km		200 km
信 天 翁		13 h	150 km
蝙　　蝠	50 km	$\frac{5}{6}$ h	
鲸	9 km	12 min	
气　　球	$47\frac{1}{2}$ km		8 km
声　　音	5 900 km		1 200 km
光		9 h	1.08×10^9 km

请根据下图写出文字题来。

(1)蜗　牛

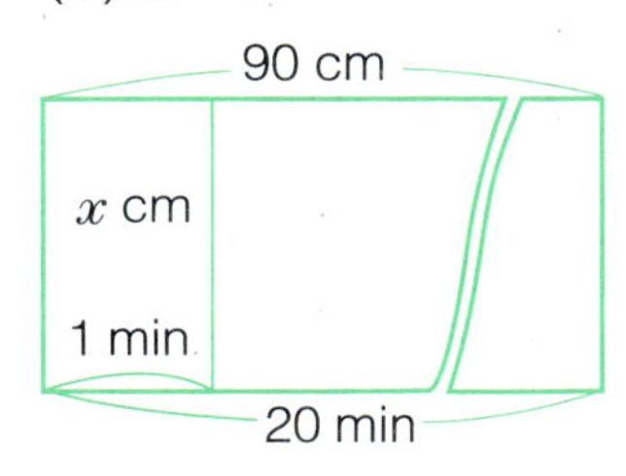

(2)光荣号

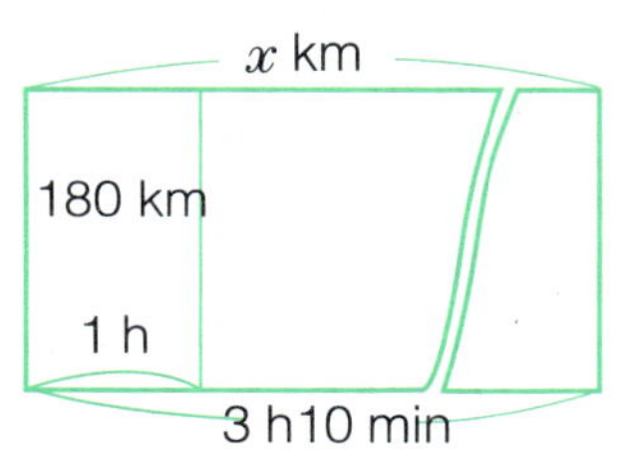

(3)始祖鸟

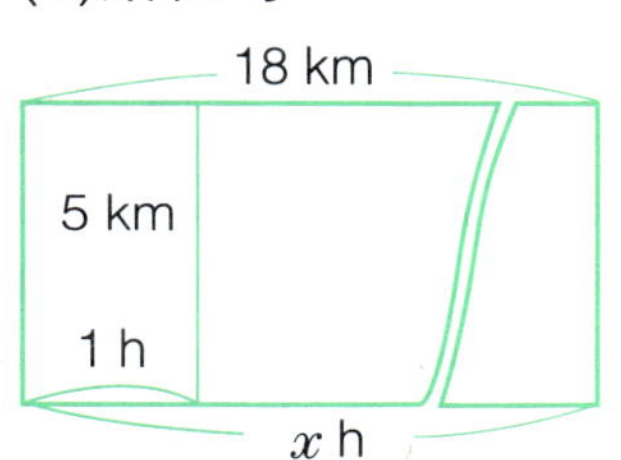

做多少工作的研究

在明亮的阳光照射下，草坪发着绿色的光。萨沙他们正在街心公园修整草坪。

眼看着草坪变得美丽起来。来往的人们都向萨沙他们投以赞美的目光。劳动的确能使人心情舒畅!

工作的速度

•工作量和所需要的时间

	罗伯特	萨　沙	大块头	胖噜噜
需要的时间	20 min	15 min	15 min	3 min
整修面积	25 m^2	25 m^2	22.5 m^2	4.8 m^2

米丽娅　该吃饭了吧。

（米丽娅喊着。米丽娅有记录，是大家劳动情况的有关记录。）

米丽娅　大家来呀。你们的劳动都记录在这个记录表上。

嘟　嘟　罗伯特、萨沙，哪一位做的工作多呀？

罗伯特　我和萨沙同样修整25 m^2的草坪，萨沙却用15 min，而我需要20 min，所以萨沙干得比较起劲。

大块头　再比较一下我和萨沙的工作情况，同样是15 min，萨沙却比我多修整2.5 m^2的草坪。我不如他。

胖噜噜　比较工作速度，只要求出每1 min的工作量，就可以了。

米丽娅握着铅笔修改着。

•每1 min工作量

	罗伯特	萨　沙	大块头	胖噜噜
1 min 整修的面积	25 m^2 ÷ 20 min= 1.25 m^2/min	25 m^2 ÷ 15 min= $1.\dot{6}$ m^2/min	22.5 m^2 ÷ 15 min= 1.5 m^2/min	4.8 m^2 ÷ 3 min= 1.6 m^2/min

罗伯特　米丽娅说的对。如果用需要的时间除修整的草坪面积，就得出每1 min的工作量。

萨　沙　比较每1 min的工作量，胖噜噜干得很快了。

胖噜噜　大块头哪能认输呢。

大块头　他只干了3 min的工作。

自行车的产生

开心博士　儿童骑自行车是非常盛行的。1970年某地生产了3 790 000台自行车。求平均一天生产多少台自行车？请用四舍五入求到小数点第一位。

罗伯特　用365天除一年生产的台数，就求出每一天生产的台数了。计算结果是10 383.6台／日。

萨　沙　一天大约生产一万台呢。好大的生产量啊。

3 790 000 台

x 台

1 日

365 日

3 790 000 台 ÷ 365日 = 10 383.6 台/日

答：10 383.6 台/日。

1.四个人制作预制板围墙，下表是四个人的工作量和所需要的时间，据表回答下面的问题。

(1)A和B哪一人制作得快？

(2)B和C哪一人制作得快？

(3)C和D哪一人制作得快？

	A	B	C	D
制作面积	7 m^2	7 m^2	9.5 m^2	10.2 m^2
需要时间	3 h	3 h20 min	4 h	4 h10 min

2.某家有一台打字机，8 min打了1 500个字，问1 min能打多少个字？

报纸的印刷

胖噜噜　轮转式印刷机，1 min能印刷1 500份报纸，了不起吧？只是1 min呀。这种轮转式印刷机连续印刷1 h，问能印出多少份报纸？

米丽娅　我在社会见习时去过报社,真快呀。

萨　沙　有一天我去印报，快速印刷不容易呀！我来计算这个题，嗯……

1 min1 500份，60 min呢?可以用乘法计算哪。

结果是9万份。真了不起呀！1 h能印刷9万份报纸的轮转式印刷机。

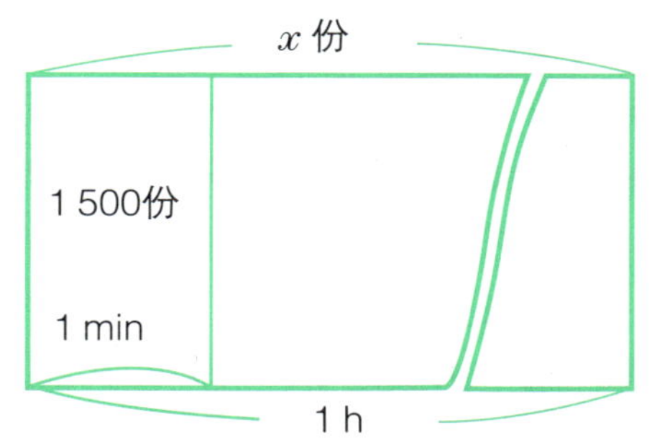

1 h=60 min

1 500份/min × 60 min=90 000 份

答：90 000 份。

1. 在校园里除草。小组全体组员1 h除草58 m^2。全组用45 min能除多少平方米呢?

2. 某地1天带式录音机的产量是59 000台。那么，全年365天共能生产多少台?

3. 一天仅做10 min间操的人，一年365天共做了多少小时间操?

4. 修下水道时要挖管道沟，1个人1 h能挖0.15 m^3的土。按1天做7 h，需要做3天。请问总共挖了多少立方米的土?

读书的时间

大块头　有位朋友，现在正读一本共204页的传记小说。他以每小时24页的速度读着，问读完这本书需要多少时间?

米丽娅　这次不再用乘法了，可不能再错了。解图看看吧。设所用的时间是x，用24页/h去除全部204页，就得出所需要的时间。计算的结果是8.5 h，即8 h30 min。

大块头　做得很好，那么，下次该开心博士出题啦。

204 页

24 页

1 h

x h

204页 ÷ 24页/h=8.5 h

答：8.5 h。

1.买一册算数习题集。全册共84页。若每天做3页，把这本习题集做完需要多少天?

2.某出版社出一本书，我看到的原稿知道这本书是240页，若1天印15页，问需要多少天印完?

3.用耕耘机耕田。耕作1a需要3 h，问耕作9.5 a需要多少小时?

4.读一本英语小说。读1页需要12 min，这本小说共225页，问读完这本小说需要多少小时?

水 流

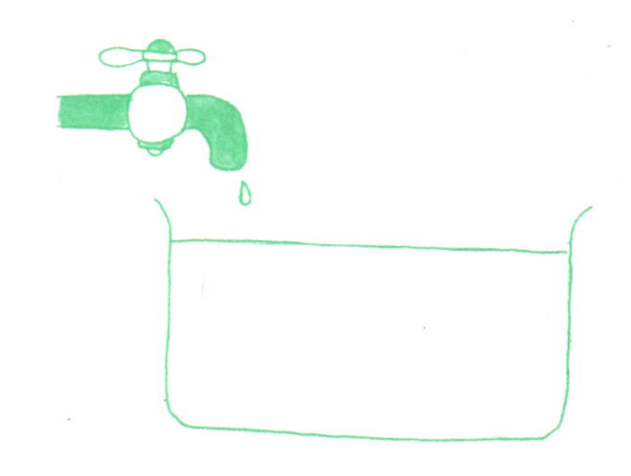

开心博士 即便说工作，也不仅限于人和机器。比如，水流量和时间等也可以说是工作问题。开着的水管1 min流出14 l水，这些水流进能装1 022 l水的水槽里，要使水槽装满，需要多少分钟?

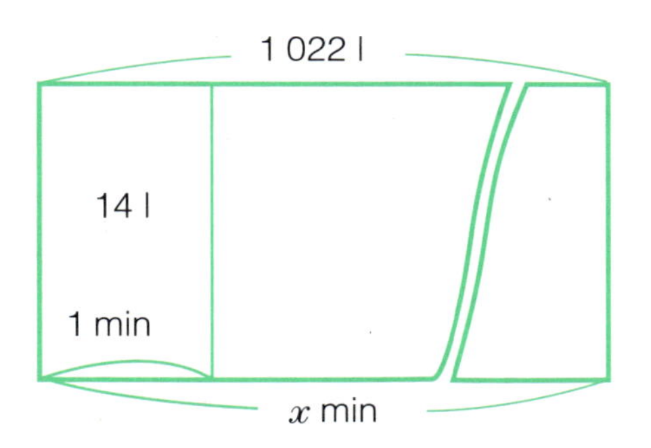

1 022 l ÷ 14 l / min=73 min

答：73 min。

嘟 嘟 我加把劲吧。嗯……要是看图，是乘法还是除法，是什么乘什么，还是用除法好，一下子就清楚了。嗯，这正是米丽娅刚才做的那样是除法，用每分钟14 l除水槽中全部的水量，求出来的就是多少分钟。嗯，……除的结果是73 min。

开心博士 不简单呀嘟嘟，做得很好。

(嘟嘟被表扬了一番。)

1.有一个很大的防火用水池。1 min往池里放5.5 l的水。这个水池是6 600 l的容量，问放满水需要多少分钟?

2.有一个侧面带孔的水桶。从这个孔每分钟流出0.14 l的水。已知这个水桶内装有2 l水，问桶中的水全部流出来，需要多少分钟?

博士对迟误时间的研究

喜　鹊　因为在某个地方睡懒觉了，结果按规定时间去晚了，“因为表慢了”。这就是迟误时间问题。

开心博士　哎呀，我的表从昨天开始就不正常了。昨天午后5点开始聚会时就晚了20 min。早晨7点广播报时时对的表，而午后5点就慢了20 min，那么，1 h慢多少分钟?

罗伯特　从早7点到午后5点是10 h。因为10 h慢20 min，如图，用10 h除20 min，即2 min / h。

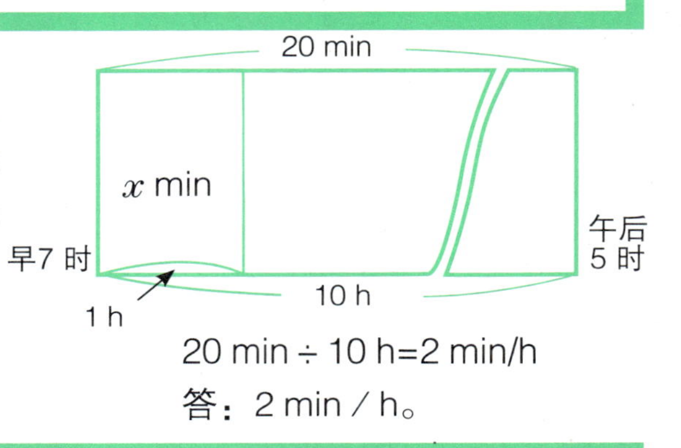

20 min ÷ 10 h=2 min/h

答：2 min / h。

大块头　如果开心博士的表每小时慢2 min，在中午广播报时时对表，那么，到第二天中午慢多少分?

米丽娅　每小时慢2 min，从中午到第二天中午，就是24 h啦，一共慢48 min。开心博士的表一天慢48 min，是多么糟糕的啦?

开心博士　要说是好表就怪了，明天打算拿去修理啦。

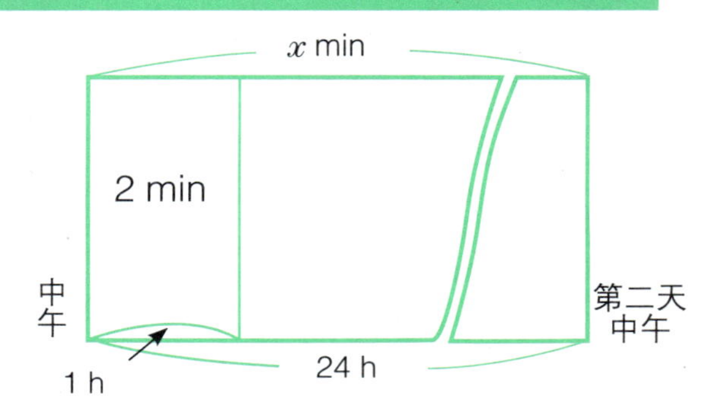

2 min/h × 24 h=48 min

答：48 min。

胖噜噜　那么，早晨7点报时时，开心博士对的表，后来一发现就慢了30 min。发现的时刻是几点?

开心博士　不行了，我的表越来越成问题啦。

萨　沙　这是很难的呢。像解释图那样，用每小时慢的2 min去除30 min就可以了，于是得出15 h。从早晨7点起共15 h，所以，嗯，当然是夜里10点了。

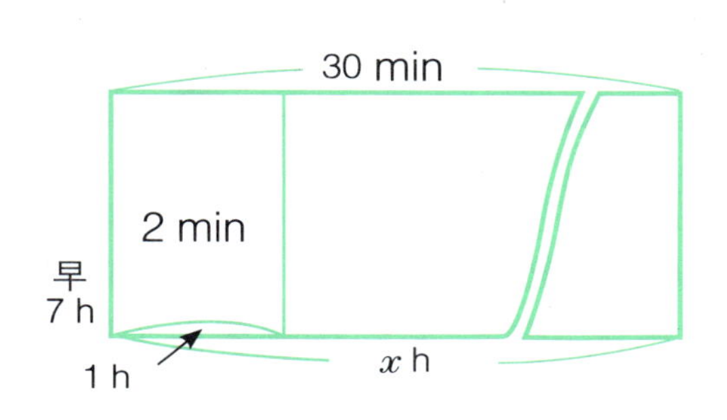

30 min ÷ 2 min / h=15 h

7 h+15 h=22 h　答：午后10时。

哈哈，哈哈，哈哈哈……
开心博士的表是为了娱乐的，
谁也没注意看看吗。

1. 站前的大钟好像慢了。从昨天上午8点到今天上午8点，这期间共慢了8 min，问1 h慢多少分钟?

2. 某人的表3天快18 min。那么，平均1天快多少分钟呢?

3. 有一块表1天平均慢5 min，那么在一周时间内慢多少分钟?

4. 早晨6点钟报时时对的表，现在慢了8 min。经过了解知道，这块表每小时慢2 min，那么，现在是几点?

大家一边劳动一边做题(有关工作的题)。你们也能做吗？都是工作与时间的，简单做做看。

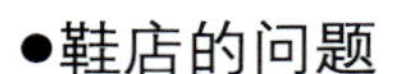

●鞋店的问题

1.无论如何必须给顾客做5双塑料鞋，限期是20天，问平均几天能做1双？

2.无论怎样要修理好14双妇女鞋，因为急用，要求1周内修完，星期日休息。请问1天需要修几双鞋？

●涂料商店的问题

1.要把某处的围墙涂成白色。1 h能涂3 m^2，干了5.5 h才涂完。问该处的围墙是多少平方米？

2.要把木箱涂成黑色，涂一个需要40 min，涂了8 h，问到结束时涂了多少个木箱？

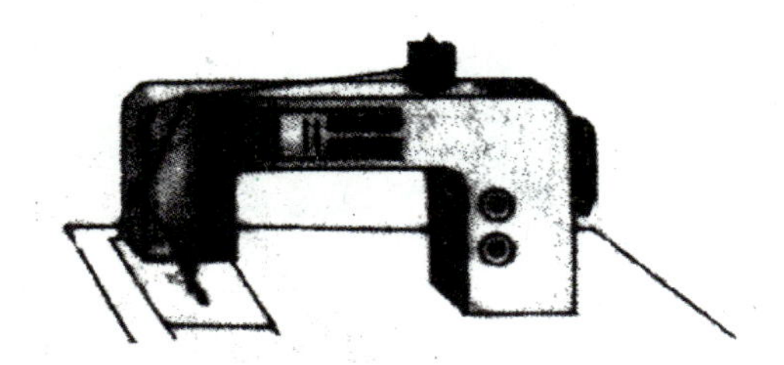

●服装店的问题

1.服装店里有三个人是做服装的。1个人一天能做$\frac{1}{4}$套西服。三个人做6套需要几天做完？

2.必须做90 cm × 180 cm的窗帘15块，1 h缝1.5 m^2,缝完这15块窗帘需要多少小时？

●表店的问题

1.手表8 h慢了10 min，1 h平均慢多少分钟呢？

2.眼看着表一天快4 min，问一周快多少分钟？

3.有一块表1 h平均快5 s，中午12点与广播报时对的表。现在发现快1 min，那么，问现在是几点？

两个水龙头

(突然小黑怪跳了出来。)

嘟　嘟　呀，小黑怪!

小黑怪　俺出个题怎么样?想解决它，就看看问题!

萨　沙　还是心术不正的挑战!

从　*A*，*B*两个水道的水龙头往水池里放水。

*A*1 h放出17 m^3水。

*B*1 h放出8 m^3水。

中午两个水龙头一起开始放水，到6点恰好将水池注满。那么，问这个水池里的水是多少立方米呢?喂，怎么样?

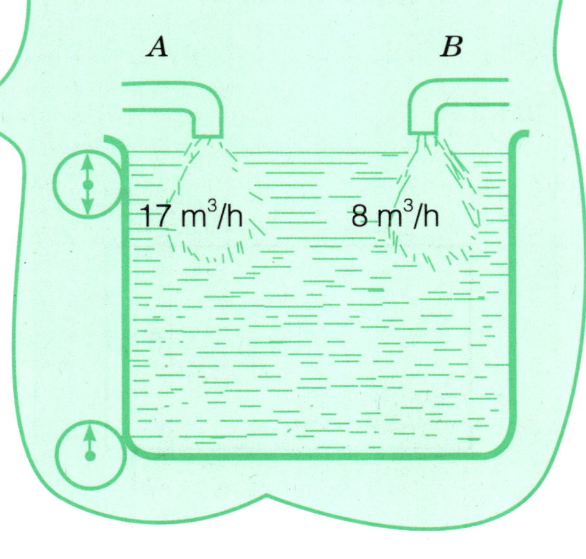

米丽娅　两个水龙头，还是个别扭题。

嘟　嘟　小黑怪就是个别扭东西!

罗伯特　那么，全部水量不就是从*A*放出的水量和从*B*放出的水量之总和吗? 没想到是这么容易的问题哟。

嘟　嘟　那可不是容易的!(对大家的话，嘟嘟一一反驳。)

小黑怪　如果容易，就快做吧! (小黑怪从嘴里吐出像墨似的东西，周围变得模模糊糊并暗下来了。)

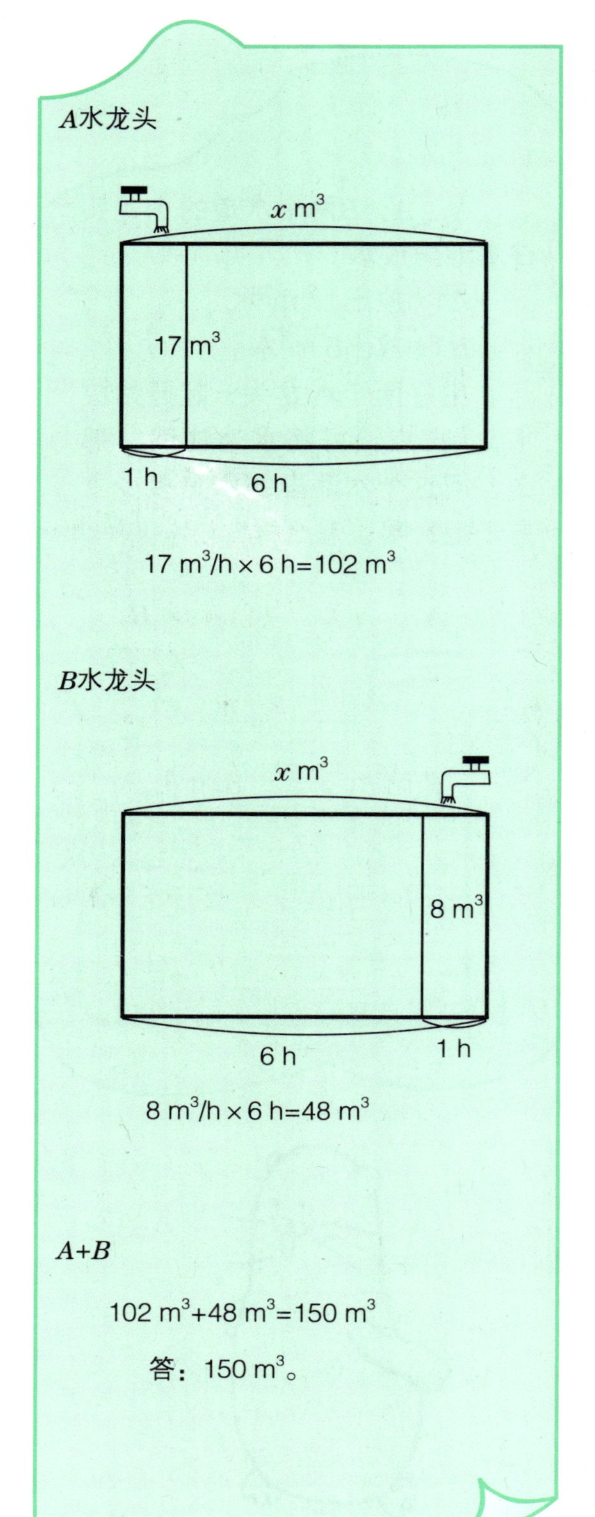

萨　沙　小黑怪！好，我解给你看。先解图看看。

（萨沙挺着胸走到前面来。）

萨　沙　上面是A水龙头的图，下面是B水龙头的图。

首先从A开始计算。从A水龙头出来的水量是

$$17\ m^3/h \times 6\ h = 102\ m^3$$

从B水龙头出来的水量是

$$8\ m^3/h \times 6\ h = 48\ m^3$$

于是，A和B流出的水总共是

$$102\ m^3 + 48\ m^3 = 150\ m^3$$

答水池的全部水量是150 m^3。怎么样小黑怪?

罗伯特　做出来啦，萨沙!

米丽娅　真好哇，萨沙。

嘟　嘟　哎呀，小黑怪这家伙噔噔地跑啦。

接着几天后，米丽娅他们到图书馆去，研究年鉴和图鉴后出了下面的题。啊，有趣儿，是三个人挑战呢。加油!

米丽娅　我出的是一道往水田放水的题。大约五中月旬开始插秧，水田是从两个水渠引水。A渠在1 min注入水田的水是1.2 m^3，B渠在1 min注入水田的水是1.5 m^3。那么，2 000 m^3的水田放满水需要多少小时?

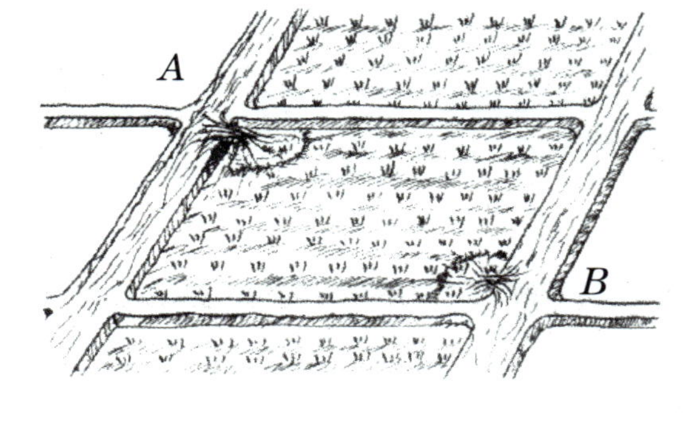

萨　沙　我出的是深山水坝放水的问题。

水坝是拦河蓄水的，使用它发电和灌溉。现在，有A，B两个水门往水坝里注水，总共要贮存50 000 m^3。A水门每秒流水110 m^3，B水门每秒流水80 m^3。现在，A和B水门一起打开，问多少分钟能完成50 000 m^3的贮水任务?

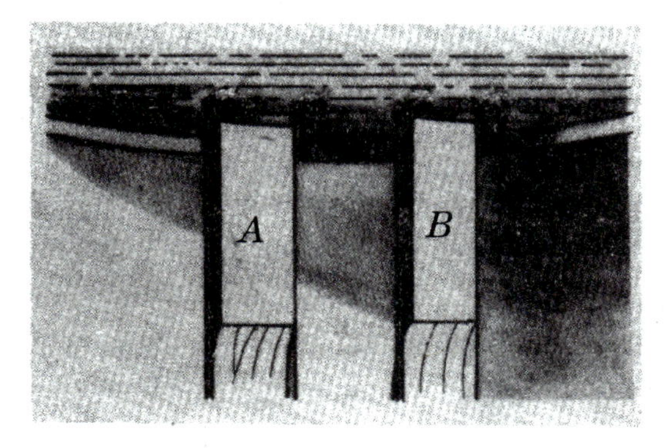

罗伯特　我出的是化学工厂工业用水问题。某工厂利用河水和地下水。一天用水量是500 m^3。从地下1 min汲入0.8 m^3的水，从河里1 min汲入1.1 m^3的水。从两处同时汲入，积蓄一天所用的水量，需要多少时间?

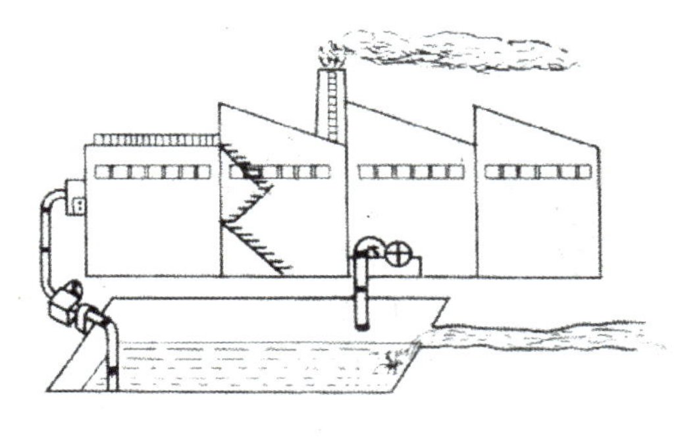

嘟嘟的豆酱是多少

(嘟嘟最喜欢豆酱。与其说豆酱是嘟嘟的主食，不如说没有豆酱嘟嘟就无论如何也无法生活。这回嘟嘟出题。)

嘟　嘟　啊，我出题啦。我总是把红豆酱和白豆酱掺和着吃。嗯，每千克30元的红豆酱3 kg加上每千克26元的白豆酱5 kg，把这些掺和在一起，这种酱1 kg的价钱是多少?

罗伯特　嗯，是很有趣的问题呢。

米丽娅　怎样解图呢?

萨　沙　这样解，怎样?(萨沙解释了右边的图。)

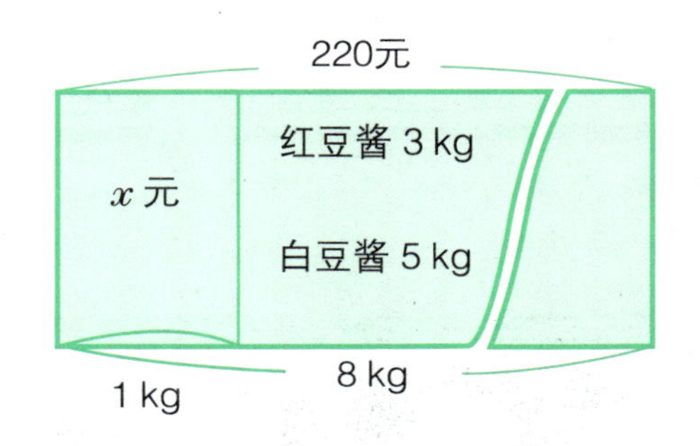

罗伯特　的确如此，所说的220元是全部豆酱的钱，就是

30 元/kg × 3 kg+26 元/kg × 5 kg=220 元

米丽娅　是求每一千克的价钱，所以用8 kg除全部金额220元。

萨　沙　列式为

$$\frac{30\text{ 元/kg}\times 3\text{ kg}+26\text{ 元/kg}\times 5\text{ kg}}{3\text{ kg}+5\text{ kg}}$$

我想是这样的。

罗伯特　确实是那样。于是计算如下：

$$\frac{30\text{ 元/kg}\times 3\text{ kg}+26\text{ 元/kg}\times 5\text{ kg}}{3\text{ kg}+5\text{ kg}}=$$

$$\frac{220\text{ 元}}{8\text{ kg}}=27.5\text{ 元/kg}$$

答27.5 元/kg。

米丽娅　做出来了，嘟嘟。你宝贵的豆酱价钱是1 kg为27.5元。

嘟　嘟　非常感谢!

到此，这第四册的探险结束了。大家做得很好。所有的工作和吃的、喝的东西等里面都有个量的问题。刚才嘟嘟出的题也同样。那么请看大块头他们逛街时所谈的问题吧。

大块头　我去街上的茶店看过啦，茶是各地进来的。在茶店里，把两种不同地方的茶掺和在一起，制成了美味茶。这个茶有A地的100 g，需20元；B地的100 g，需25元，掺合到一起共200 g茶。问这种茶100 g多少元?

胖噜噜　我在咖啡店帮助磨咖啡豆。有各种各样的咖啡豆，那个店特有的咖啡，是由称为A的巴西豆和称为B的萨尔瓦多豆掺和在一起制成的。A 100 g，需25元；B 100 g，需30元，掺合后的咖啡100 g多少元?

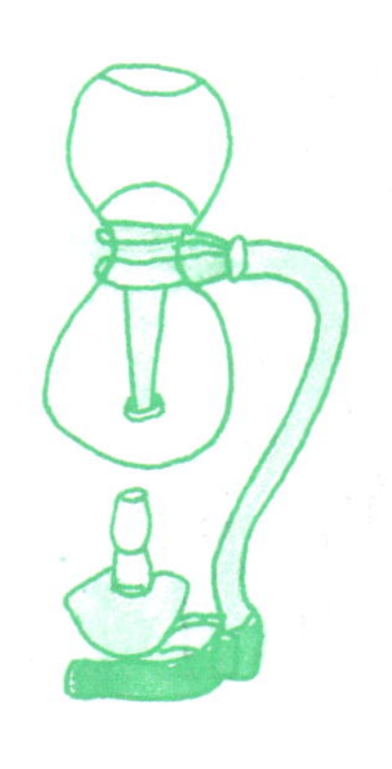

嘟　嘟　我去看了饮料店。在那里橘子汁100 ml需6元，草莓汁100 ml需7元。我喝的是150 ml橘汁和50 ml草莓汁的混合汁。问这个混合汁100 ml多少元?

米丽娅　这是最后的题。开始做关于收获度的题。好好做吧。

1. 300 ha麦田收获了6 200 t小麦。问每公顷产量是多少吨？

2. 1 ha地使用320 kg化肥。那么5.2 ha地使用的化肥是多少千克呢？

3. 若1 m^2地价格是1 500元，有630万元能买多少平方米土地？

罗伯特　我提出的是美食问题。努力解题吧！

1. 在180 ml食盐水里溶解着20 g食盐，在1 ml食盐水里溶解多少克食盐呢？

2. 在1 ml的药里含有0.2 mg维生素B_1，那么在8 ml的药里含有多少克维生素B_1呢？

3. 在1 ml牛奶里含有0.002 mg的铁，那么要摄取0.1 mg的铁，必须喝多少毫升牛奶呢？

萨　沙　钓鱼比赛，我是第一，这当中也有个平均问题哟。

1. 有A，B两种汽水，A是100 ml，B是80 ml，问A，B平均量是多少？

2. 有三份柿子，C是4个，D是2个，E是0个，如果把这些柿子平均分给三个人，每人分几个？

3. 一个人电车票价是9元，共有15人一块儿乘电车。如果使用本票11张共90元，问一个人最终花多少钱？

嘟　嘟　大家到开心博士工作室去，得到了玩偶。并提出了简单命中问题。

1. 投掷一个二分钱的硬币，出现国徽的概率是多少？

2. 下表中的各签哪个容易命中？不易命中的是哪个？

	A	B	C	D	E
命　中	||||	|||	|||||	||||	|
没命中	||||	|||||	|	||	|||||

大块头　我提出混杂情况和速度问题。我认为大家能解答。

1. 18 g糖溶于32 g水中。问这1 g糖水里含多少克糖？

2. 在1 m^3空气中含有0.8 m^3的氮，若有20 m^3的氮混杂在空气中，那么空气是多少立方米？

3. 蜻蜓每小时前进25 km，那么3.5 h前进多少千米？若蜻蜓前进了10 km，需要多少分钟呢？

胖噜噜　我考察了从事各种工作的人们，对他们的工作进行了充分地比较。

1. 在庭院里除草，除20 m^2需要5.5 h，那么1 h除多少平方米？

2. 水管1 min流出的水是0.3 m^3，问13 min流出多少立方米的水呢？

3. 铺1 m^2的路面需要45 min。若铺75 m^2的路面需要多少时间？

开心博士　大家做得很好，这次探险结束了。镇里、田野、工厂、分检中心、钓鱼场，我们去过了很多地方。这次探险是求平均量是多少啦，也明白了从平均量求总量，或是根据平均量求总量，以及多少份的问题。希望好好记住。明天将要开总结讨论会。在这里，再少出点题。我的表总慢，还是所说的时间问题。

1. 广场的大钟昨天早晨7点时对准的，今天早晨7点时竟快了4 min。这个大钟1 h快多少秒？

2. 有一挂钟1天慢35 s，问3天慢多少秒？

3. 早7点对准的表，1 h快4 s，现在正好快1 min，问这个表现在是几点？

从树隙间透进来的阳光在三叶草花上面闪烁着。今天全体探险队员聚集在林中的一块空地上，进行关于“量” 的讨论。

嘟　嘟　大块头大，胖噜噜小，这个“大和小”也是个量的问题吧。

萨　沙　现在有凉风吹着呢。这个风的强度也是量吧?

胖噜噜　是的，明亮的、寒冷的、大的、硬的——都包含着各种各样的量啊。

大块头　因此，若不能对寒冷程度、物质的硬度，还有能否跳过这个河去等，做出量的判断，很多事情就做不成。

开心博士　是的。所以，准确地统计和计算温度、河宽和物件数等，最初就把这些称为量的东西用数字表示出来。这种用数表示的量有哪些种类呢，那么听听米丽娅即将发表的谈话吧。

米丽娅发表研究内容

量被分为分散量和连续量

(米丽娅精神抖擞地开始她的谈话了。)

米丽娅　那么，我开始发表了。有两种不同的量，一种是通过“1，2，3，4，…”计算而清楚的量，另一种是通过称或尺测度而清楚的量，前者称为计量，后者称为度量。

<1.分散量>

计量的对象有人、兔、玻璃杯等，一个个都是分离的，独立的，各具形态。所以如果说“在这里有三个苹果”，虽说是3个同样的东西，但意思是说一个接一个地数出来的。像这样1个，2个，……；1碗，2碗，……被数出来的量就是“分散量”。

<2.连续量>

度量有长度、重量、时间、面积等。

0 1 2 3 4 5　10　15　20　(单位 kg)

这种量能用直线表示出来。即使是质量或时间也都能用连续的“长度”来表示。这就是所说的连续量。表示连续量必须使用一定的单位。比如质量是500 g时不能说“质量是500”，因为对方不清楚是500 g，还是500 kg，还是500 t。

因此，在下式中求连续量时

$$5\ \text{m} \times 7\ \text{m} = 35\ \text{m}^2$$

使用的单位是简单明确的。到此，我的内容发表完了。

(米丽娅在草地上坐下来，嘟嘟突然站起来啦。)

嘟　嘟　我说一个智力题好吗？3个苹果被5个亲兄弟分，能分平均吗？

萨　沙　平均每人是$\frac{3}{5}$个。

嘟　嘟　虽说是$\frac{3}{5}$个，苹果的大小是不同的，要准确无误分开，怎么办好呢？

(大家都不明白了，若制成苹果酱的话，估计能准确地分开了吧。)

罗伯特　的确，苹果的数是分散量，但可以换算成简单的连续量。

米丽娅　是呀!连续量怎么细小也能分。所以0.2 g啦，$\frac{1}{3}$ m啦，也能用小数和分数表示出来。

萨沙发表研究内容

关于外延量的性质

喜　鹊　这回该轮到萨沙了。

萨　沙　诸位请看这个图。量分为分散量和连续量，连续量还可以一分为二。

用直线表示的长度、质量、面积、体积、时间等，被称为外延量。这是第二册所探险的内容。所谓内涵量，实际是第四册所探险的内容。内涵量乍一听很不好懂，其实它的意思就是在里面包含的量。

萨　沙　关于内涵量，托付给罗伯特了，我想研究一下外延量的性质。有两条细绳连结一起，其长度当然用加法计算了。比如2 m的细绳和5 m的细绳连接起来，就成为7 m了。

还有，有一个42 kg的孩子，穿1 kg的衣服，如果再加上他背的书包3 kg的话，其全部质量是

42 kg+1 kg+3 kg=46 kg

这样可以用加法计算的性质，用一个费解的词叫做加法性。而具有加法性的量，就叫做外延量。在此，我想谈谈有关外延量的"单位"。如果没有单位，如1 m，1 kg，1 s等，就什么都不能计算了。

那么单位是怎样提出来的呢?其实，这在第二册里探险得很详细了。

简单归纳……

①直接比较阶段；

②使用媒介比较阶段；

③用小的媒介比较份数阶段；

④成为在世界中使用的单位阶段。

①是很早以前的人对长的、短的、重的、轻的，拿起来直接进行比较的阶段。

②如比较两尊大佛像哪一个大时，使用媒介——细绳进行丈量的比较阶段。

③比如，将自己的步的幅度作为单位，从家到学校用走了多少步来进行测量。可是大人小孩步幅是不同的。最终还必须采用世界通用的单位进行测量。这样，④则成为最初的米啦、克啦、升啦产生的原因。是很简单的吧，到此发表完了。

(嘟嘟高兴地说。)

嘟　嘟　有趣的加法性质，但愿掌握好。

基本单位和诱导单位

开心博士　萨沙有点累了。在这里我把单位的事稍加说明一下：1 m，5 kg，1 h8 min，60 km/h，……在连续量里包括所有的单位，这当中长度、质量、时间三个是特别重要的。面积单位平方米(m^2)也是以长度为基础的，即m×m，就是说长度×长度。所以这三个量是基本的量，它能决定除此之外的量。因此把表示长度、质量、时间的m，kg，s特别称做基本单位。与m相对的还有cm，mm，km等，但是m是长度的基本单位，其他的叫做辅助m的辅助单位。与kg相对的是g，t等，那么g，t就是kg的辅助单位。而由两个以上的单位组合起来的，如m^2，m^3，km/h，g/m^3等，就是所说的导出单位，要好好记住。

	10^9	10^6	10^3	10^2	10^1	1	$\frac{1}{10}$	$\frac{1}{10^2}$	$\frac{1}{10^3}$	$\frac{1}{10^6}$	$\frac{1}{10^9}$	$\frac{1}{10^{12}}$
	G	M	k	h	da		d	c	m	μ	n	p
长度	Gm	Mm	km	hm		m	dm	cm	mm	μm	nm	pm
质量①	Gg	Mg	kg	hg		g	dg	cg	mg	μg	ng	pg
质量②	Gt	Mt	kt			t						
面积		Ma		ha		a						

罗伯特发表研究内容

所谓内涵量是什么样的量

罗伯特　什么是内涵呢，这个词在不懂它的意思以前似乎是很难的，请原谅。

从刚才萨沙发表谈话中明白了，外延量是计算合在一起的性质——加法性。因此，我想研究一下所说的速度的量，是否也具有加法性。

有两台汽车以50 km的时速跑着。请考虑一下，如果把这两台汽车连接起来再让它们跑，这时的时速是怎样的呢?

(嘟嘟迅速地举起手。)

嘟　嘟　简单，简单，因为连接上了是加法，即

50 km/h+50 km/h=100 km/h

时速是100 km。

米丽娅　请稍等，嘟嘟用这样简单的加法就行吗?

萨　沙　是呀，那是可笑的哟。只能在电影里看见这种荒唐事。

罗伯特　速度即使合在一起也不能用加法。像速度这样不能用加法计算(不具有加法性)的量叫做内涵量。

嘟　嘟　嘿，是吗？不能用加法。

罗伯特　不仅仅是速度，就连食盐水的浓度也是一样呀。比如，5 g/l的食盐水和60 g/l的食盐水，各有1 l混合在一起，那么，能说是65 g/l的食盐水吗?

米丽娅　也就是说淡的食盐水和浓的食盐水混合在一起。

嘟　嘟　就是说变成什么样味了，是吧？不是比60 g/l盐水更咸了吗?

罗伯特　总之，浓度的量也不具有加法性。除此之外，还有东西的价钱(单价)也是这样。即使把30 元/kg的豆酱和26 元/kg的豆酱混合在一起，也不能说是56 元/kg。

萨　沙　总之，内涵量不同于外延量，它不具有所说的加法性。

(罗伯特向萨沙点头表示同意，并继续发表研究内容。)

罗伯特　因此，通过本册所探险的各种事情，可知内涵量也就是平均量。平均每千克20元，在1 l里含有5 g等，说的都是平均量的问题，通过除法就能够求出，如

60 元÷3 kg=20 元/kg

内涵量无疑是能用除法计算的量。其单位由两个以上的单位组成，统称诱导单位。到这儿，我的研究发表完了。

萨　沙　真了不起呀，罗伯特。问题研究得相当清楚了。(萨沙佩服地唠叨着什么。)

开心博士　值得注意的是，并不是所有的导出单位都称为内涵量。例如面积和体积

$3\ m\times4\ m=12\ m^2$　　$5\ m\times3\ m\times2\ m=30\ m^3$

(长) (宽) (面积)　(长)　(宽)　(高) (体积)

是用乘法求出来的导出单位，因为长度和质量都同是外延量。因此，请看内涵量的图。

看下面的图，我想应该马上注意到，如果说像速度那样能够产生距离和时间两种不同种类的外延量的话，那么像质量这样的，也有g和g相同的外延量。

开始说的是“度”，其后说的是“率”。也许稍微难些，但是度和率的区别要特别注意。

萨　沙　确实呀。啊，冲击率也出来啦，我还是三级击球员呢。

这是内涵量！

- 度
  - 密度的种类
    - 物质的密度(g/cm^3) 1 cm^3 7.9 g的铁
    - 土地的价格(元/m^2) 1 $m^2$8 000元的土地
    - 煤气的价格(元/m^3) 1 $m^3$30元
  - 收获度的种类
    - 收获量(kg/a) 1 a产13 kg小豆
    - 撒农药的量(l/ha) 1 ha撒8 l
    - 汽油消耗量(l/km) 跑1 km使用0.6 l
  - 含有度
    - 含有量(mg/dl) 1 dl牛奶里含0.2 mg维生素B_1
  - 速　度
    - 秒速(m/s) 1 min跑10 m的速度
    - 分速(mk/min) 1 min跑60 km的速度
    - 时速(km/h) 1 h跑200 km的速度
  - 工作的速度
    - 水管的水流出量(l/min) 1 min流出8 l
    - 读书量(页/日) 1天读12页
    - 产量(t/h) 1 h生产50 t铁
- 率
  - 含有率
    - 食盐水的浓度(g/g) 1 g 水里含有0.6 g盐
    - 空气中氧的含量(m^3/m^3) 1 m^3空气中含氧0.2 m^3
  - 混合率
    - 焊锡的成分(g/g) 在1 g焊锡里含有0.35 g的锡
  - 时率
    - 迟误的时间(s/h) 1 h慢2 s
  - 其他率
    - 缺席（人/人) 30人的班缺席2人
    - 利息(元/元) 1万元平均3元
    - 概率(回/回) 在5回里有1回
    - ⋮

大块头和胖噜噜发表研究内容

内涵量的三个计算方法

(嘟嘟面有难色地说。)

嘟　嘟　我怎么这么疲倦呢，是问题太难了吧。（萨沙也叹了口气。）

萨　沙　我也累了。

(开心博士听了这话笑着回头对大家说。)

开心博士　的确是呀，萨沙。在这本书里探险的内涵量，总之是用除法能求出来的量。我想大块头和胖噜噜一定能很好地说明这个问题。

(于是大块头慢腾腾地站起来。)

大块头　下面即将发表的内容已经足足用了20 min进行复习和整理，好不容易的呀。

(大块头想用演说的样子。)

大块头　嗯，这个所谓的内涵量，实际上有三个计算方法。

<第一种计算>

这是求所谓平均量的计算。这和以前大家都知道的一样

距离÷时间=速度(km÷h=km／h)

质量÷体积=密度($g \div cm^3=g/cm^3$)

金额÷质量=单价(元÷kg=元／kg)

这些是用除法做的问题。如果采用其他说法也可以。例如，知道了跑的全部距离和花费的时间就知道了平均每小时的距离，总之，是求时速时使用的计算方法。

(大块头这时拿出手帕擦擦汗。)

大块头　下面是第二种计算方法。

<第二种计算>

下面是用乘法求内涵量。

速度×时间=距离(km/h×h=km)

密度×体积=质量($g/cm^3 \times cm^3=g$)

单价×质量=金额(元/kg×kg=元)

怎么样，容易吧?

有一速度为40 km/h的汽车，跑了7 h,前进的距离当然是280 km。如果换别的说法，就是知道了平均量和多少份，求总量的计算方式。(这时发表者换胖噜噜啦。)

胖噜噜　最后是第三种计算了。

<第三种计算>

这第三种计算既是常见的，又是最难明白的。这次也是用除法，求内涵量的除法。究竟怎样说好呢?

距离÷速度=时间(km÷km/h=h)

质量÷密度=体积($g \div g/cm^3=cm^3$)

金额÷单价=质量(元÷元／kg=kg)

时间、体积和质量都求出来了。如果换一种说法也可以。知道总量和平均量，求多少份时使用的计算方法。

那么，到此我们发表完了。

(胖噜噜从树墩上跳了下来。)

萨　沙　的确与过去相比，我觉得明白了许多问题。

开心博士　最后一句话。我想以速度为例考虑一下。萨沙好像爱骑自行车吧。

萨　沙　是。

开心博士　所以，假设时速是30 km/h，1 h之内跑的距离，有快也有慢。可是考虑“时速”时，是在途中快慢的平均速度，每小时30 km(30 km/h) 是作为平均量被求出来的。即使是工作说一天做多少工作量，也有顺利和不顺利的情况，尽管如此，平均一天的工作量还是可以求出来的。内涵量就是像这样“平均的思考”。总之，我想“平均的思考”是非常重要的。

那么，到此，今天的讨论会全部结束了。

已是美丽的黄昏了。不一会儿似火的夕阳照耀着广阔的大地，林中的讨论会也到此结束啦。

(米丽娅回来时，采了些紫蔷薇花，有五六十朵，并将花装饰在帽子上。)

开心博士　啊，带回艳丽的花呀……今天晚上大家一定会睡得很香。(这时，天快黑了。小黑怪眼看着大家肩并肩地回家去了。只剩下他一个人孤零零地越想越感到寂寞。)

这册的内容稍难些。不，诸位，没那回事儿。那么，下册再会。

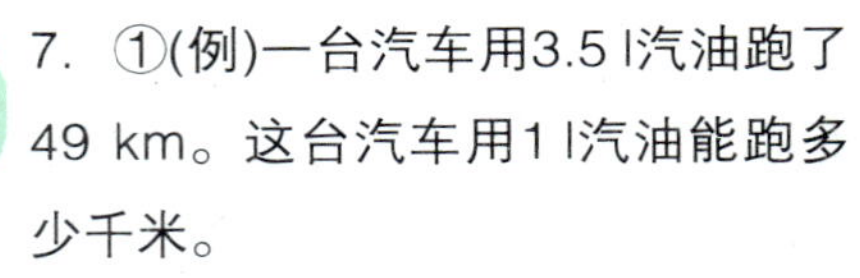

[答案]

在站台对拥挤情况的研究(第8~13页)

<第11页>

8点45分发的车，每辆平均132人，是最拥挤的了。而最轻松的是8点10分发的车，每辆平均75人。

在麦田对产量多少的研究(第14~19页)

<第17页>

(顺序)日本，40，美国，日本，德国，英国，法国，美国，32，5。

<第19页>

1. (Ⓔ家) 3.2 t/ha，(Ⓕ家) 3 t/ha。
2. 200 kg/ha。
3. A为241 kg/ha，B为240 kg/ha，
   C为250 kg/ha。

比较金属的质量(第22~25页)

<第24页>

1. 约为A地4.14×10^4 t，B地4.91×10^4 t，C地3.78×10^4 t，D地4.83×10^4 t，E地4.05×10^4 t。(四舍五入求到小数点第2位)
2. 铜为8.9 g/cm^3，铁为7.86 g/cm^3。
3. 0.065 l。
4. A 为014 l/m^2，
   B 约为0.141 3 l/m^2，C 为0.18 l/m^2。
5. 3.15 t。
6. 1980年是闰年，所以是366日。6 07 000人 ÷ 366日 ≈ 1 658.47人/日。

小数点以下四舍五入，各年情况如下表：

1978年	1979年	1980年	1981年
1 652人/日	1 658人/日	1 658人/日	1 685人/日

7. ①(例)一台汽车用3.5 l汽油跑了49 km。这台汽车用1 l汽油能跑多少千米。

③(例)涂19m^{2}的围墙，使用1.14 l的油漆。问每1 m^{2}平均使用多少升油漆？

求总体的量(第26~31页)

<第28页>

1. 8.75 t，10 t，1.25 t。
2. 铁为26.724 g，亚铅为107.512 g，
   水银为$4\frac{8}{15}$ g。
3. 69.43 kg。

<第31页>

1. 741.6 g。
2. 糯米豆馅点心为350卡，
   羊羹为362.5卡，威法饼为612.5卡，
   带馅面包为325卡，蛋糕为400卡。
3. 各为7.2 kg，10.8 kg，48 kg。

求多少份(第32~43页)

<第37页>

胖噜噜的问题 55 cm。

<第39页>

嘟嘟的计算是错的。正确的答案是：猪肉约为8.57 kg，元葱为24 kg，马铃薯为21.25 kg，胡萝卜约为8.33 kg。

<第40，41页>

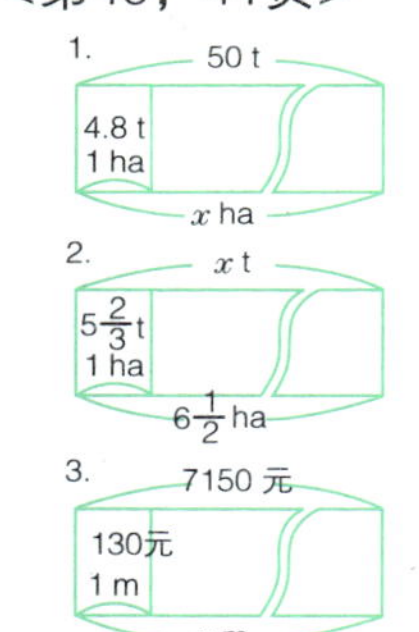

$50\text{ t} \div 4.8\text{ t/ha} \approx 10.416\text{ ha}$

答：10.42 ha。

$5\frac{2}{3}\text{ t/ha}\times6\frac{1}{2}\text{ ha}=36\frac{5}{6}\text{ t}$

答：$36\frac{5}{6}$ t。

7150元 ÷ 130元/m=55 m

答：55 m。

<第42，43页>

1. 小数点以下四舍五入求到小数第1位，各县1 km^2平均人口：*A*县286人，*B*县5 388人，*C*县1 427人，*D*县153人，*E*县328人，*F*县194人。

2. 四舍五入求到小数第1位，*G*县59.5×10^4 t，*H*县27.0×10^4 t，*I*县70.6×10^4 t，*J*县10.6×10^4 t，*K*县8×10^4 t，*L*县9.5×10^4 t。

3. 四舍五入求到小数第1位，玻璃3.5 cm^3，竹39.4 cm^3，石油50 cm^3，尼龙5 cm^3，雪120 cm^3，水泥5.1 cm^3。

4. (2)<例>某县有1万公顷平均产2.43×10^4 t小麦的旱田2.6×10^4 ha。问一共产麦多少万吨?

(3)<例>175元钱买每克平均3.5元的茶。一共能买多少克?

(4)<例>估计27 cm^3的大理石的质量是75.6 g。这块大理石1 cm^3平均质量是多少克?

(5)<例>某农家平均1 a旱田撒800 g农药。这户农家的旱田总共是13 a。问需要多少克农药?

(6)<例>买了14元的马铃薯。这马铃薯每1 kg平均是4元，问共买多少千克?

在食品厂研究美味食品(第44~57页)

<第48页>

1. (1)*A*浓 (2)*B*浓 (3)*C*是0.625 g/dl，*D*约为0.571 g/dl，因此*C*浓。

2. 0.02 g/ml。

3. 0.062 5 g/ml。

<第49页>

1. 0.5 g。

2. 0.002 g。

<第51页>

1. 10 mg。

2. 10 mg。

<第53页>

1. 9.375 ml。

2. 15 ml。

3. 6 dl。

<第55页>

罗伯特的汁液 48 dl。

大块头的汁液 24 dl。

<第56页>

米丽娅的问题

1. 蛋白质为0.015 g/ml
   脂肪约为0.003 g/ml
   糖分约为0.145 g/ml
   灰分约为0.092 g/ml
   钙为0.33 mg／ml
   铁约为0.042 mg/ml

2. 水约为0.534 g/ml
   蛋白质约为0.004 g/ml
   脂肪约为0.421 g/ml
   糖分约为0.007 g/ml
   灰分约为0.024 g/ml

嘟嘟的问题

1. 薄荷脑43.2 mg
   水杨酸，甲醇48 mg
   生胶为240 mg
   树脂220.8 mg
   植物油62.4 mg

2. 36 mg。

<第57页>

萨沙的问题

1. 20 ml，120 ml。

2. 800 ml。

罗伯特的问题

(1) <例>某汁液180 ml里含有维生素C的质量是700 mg。在这样的1 ml汁液里含有多少维生素C?

(2) <例>有含85 mg/ml 葡萄糖的注射液。在这种注射液150 ml里，含有多少毫克的葡萄糖?

(3) <例>制做5.5 mg/dl的浓食盐水，使用30 g食盐。问共制多少分升的食盐水?

探险队钓鱼平均的研究(第58～74页)

<第61页>

1. 3.5 dl。2. 3.1 dl。3. 15 dl。

<第64页>

1. 3.5 dl。

2. (180ml×3+0 ml)÷4=135 ml。

<第66页>

1. 170 cm。2. 采了38.5朵。

<第67页>

3只。

<第68页>

1. 7 dl。

2. (1) $\frac{2}{3}$个 (2) 1个。

(3) C平均一天产$\frac{5}{3}$个，是最多的。

3. 8个。

4. 一小组1.8条/人，二小组1.6条/人。

<第69页>

(800元×2+80元×6)÷28≈74 元

1人的汽车费约为74 元。

<第72页>

甲小组约为5.3朵/人。

乙小组为5朵/人。

简单命中率的研究(第75~82页)

<第78页>

1. 偶数是6枚，奇数是7枚，抽奇数的概率大。

2. 用不等号比较$C>B>A>D>E$。

<第82页>

罗伯特的问题

1. 抽混儿的概率为$\frac{1}{53}$，抽A的概率$\frac{4}{53}$，抽A的概率大。

2. 比10大的牌是6枚。概率是$\frac{3}{13}$。

3. $\frac{5}{66}$

萨沙的问题

1. 从1到6偶数的个数和奇数的个数是相同的，则概率也一样。

2. 任从1到6的数里，加4成为偶数的是：2，4，6（3个数）概率是$\frac{1}{2}$。

3. 第一次是6，出现6的概率是$\frac{1}{6}$。

都出现6的概率是$\frac{1}{6}\times\frac{1}{6}=\frac{1}{36}$。

米丽娅的问题

1. 取红球的概率为$\frac{10}{13}$，取白球的概率为$\frac{3}{13}$。

2. 剩在箱子里的球是12个，从中取白球的概率是 $\frac{3}{12}$ $(=\frac{1}{4})$。

3. 红球为 $\frac{9}{11}$，白球为 $\frac{2}{11}$。

研究含有量(第83~103页)

<第87页>

嘟嘟的问题

水分0.475 g/g，蛋白质0.168 g / g，

脂肪0.069 g/g，糖分0.136 g/g，

钙1.15 mg/g，铁0.04 mg/g。

大块头的问题

水分0.94 g/g，蛋白质0.004 g/g，

糖0.052 g/g，脂肪0.001 g/g。

罗伯特的问题

铅约为0.67 g/g，锡约为0.33 g/g。

萨沙的问题

水分0.75g/g，蛋白质0.127 g/g，

脂肪0.112 g/g，灰分0.011 g/g，

钙0.65 mg/g，磷2.3 mg/g。

<第90页>

嘟嘟的问题

1. 0.7 g。

2.

全部食盐水的量	20 g	150 g	4 kg	$14\frac{1}{4}$ kg
1 g食盐水中含盐量	0.3 g	0.01 g	0.03 g	$\frac{1}{2}$ g
全部食盐水中含有食盐的量	6 g	1.5 g	120 g	$7\frac{1}{8}$ kg

所长的问题

1. 200 mg 。

2. 37.2 g。

<第94页>

1. 小数点以下四舍五入。

地中海约为143 t，哈得逊湾625 t，

波斯湾约为135 t，白令海约为167 t

2. A为25 g，B为60 g，C为20 g，D为72 g。

<第99页>

超硬铝的材料

铜20 g/kg，亚铅80 g/kg，

镁15 g/kg，锰2g/kg，

铬2g/kg，铝881g/kg。

点心的材料(四舍五入求到小数点第2位)

鸡蛋约为0.24 g/g，

糖约为0.15 g/g，牛奶约为0.57 g/g，

黄油约为0.04 g/g。

奶粉的成分(四舍五入求到小数点第2位)

蛋白质约为0.13 g/g， 脂肪约为0.2 g/g)

碳水化合物约为0.65 g/g，

矿物质约为0.03 g/g。

<第102页>

1. 约为0.08 g/g。

2. 约为0.02 g/g。

3. 2.6 g。

4. 14.4 g。

5. 约为28.3 g。

6. 200 g。

<第103页>

1. (四舍五入求到小数点第2位)

琼脂约为0.02 g/g，糖约为0.23 g/g，

豆沙约为0.28 g/g，盐约为0.01 g/g。

2. 水泥310 g，沙460 g，水230 g。

3. (1) <例>水果糖的主要成分是糖分，在8 g水果糖中含有7.8 g糖分。那么，在1 g水果糖中所含的糖分是多少克?

(2) <例>镍铬合金1 g中含0.8 g镍。问150 g镍铬合金含多少克的镍?

(3) <例>干酪含有0.3 g/g的脂肪。欲摄取5.4 g脂肪，问需要多少克干酪?

速度的研究(第104~117页)

<第112页>

罗伯特的问题

1. 约为316.36 km/h。

2. 8 km/h。

米丽娅的问题

1. 20 km/h。

2. 约为14.6 km/h。

萨沙的问题

1. 1.25 km/min。 2. 72 km/h。

嘟嘟的问题

1. 0.75 km/min。 2. 48 km/h。

<第113页>

1. 3 600 km。2. 约为26.7 km。3. 25 km。

<第114页>

1. 1.497×10^4 km。

2. 3 060 m。

3. 2 380 m。

<第115页>

1. 36 min。 2. 3.5 h。

<第116页>

1. 2.21 h。
2. 2.33 s。
3. 18.75 min。

<第117页>

大块头的问题

1 h55 min12 s，1 000 km，2 h30 min，$21\frac{1}{3}$ km，52.5 km，22 min30 s，1 950 km，60 km，45 km，5 h56 min15 s，4 h55 min，9.72×10^{9} km。

(1) <例>某蜗牛20 min前进90 cm。问用1 min前进多少厘米?

(2)<例>用时速180 km的光荣号，3 h10 min前进多少千米?

(3) <例>没有人看见过始祖鸟，但是，想象它以时速5 km的速度飞翔，问前进18 km需要多少小时?

做多少工作的研究(第118~133页)

<第120页>

1. 计算出每小时平均工作量：
   A为$2\frac{1}{2}$ m^2/h，B为2.1 m^2/h，
   C为2.375 m^2/h，D为2.448 m^2/h。
   (1)A的速度快。 (2)C的速度快。
   (3)D的速度快。
2. 187.5个字。

<第121页>

1. 43.5 m^2。
2. 21 535 000台。
3. 60 h50 min。
4. 3.15 m^3。

<第122页>

1. 28日。
2. 16日。
3. 28.5 h。
4. 45 h。

<第123页>

1. 1 200 min (=20 h)。
2. 14 min。

<第125页>

1. $\frac{1}{3}$ min(=20 s)。
2. 6 min。
3. 35 min。
4. 早晨10点。

<第126页>

鞋店的问题

1. 4天。
2. $2\frac{1}{3}$只。

服装店的问题

1. 8天。
2. 16.2 h 。

涂料商店的问题

1. 16.5 m^2。
2. 12个。

表店的问题

1. 1.25 min。
2. 28 min。
3. 午夜12点。

<第129页>

米丽娅的问题$12\frac{28}{81}$ h。

萨沙的问题$4\frac{22}{57}$ min。

罗伯特的问题$4\frac{22}{57}$ h。

<第131页>

大块头的问题 22.5元。

胖噜噜的问题 27.5元。

嘟嘟的问题　6.25元。

<第132页>

米丽娅的问题

1. 约为20.6 t。
2. 1 664 kg。
3. 4 200 m^2。

罗伯特的问题

1. 约为0.1 g。
2. 0.0016 g(=1.6 mg)。
3. 50 ml 。

萨沙的问题

1. 90 ml。
2. 2个。
3. 8.4元。

嘟嘟的问题

1. $\frac{1}{2}$ 。
2. 简单命中率的顺序是：

$C>D>A>B>E$

所以A容易命中，E不容易命中。

<第133页>

大块头的问题

1. 0.36 g。
2. 25 m^3。
3. 87.5 km，24 min。

胖噜噜的问题

1. $3\frac{7}{11}$ m^2。
2. 3.9 m^3。
3. 56 h15 min。

博士的问题

1. 10 s。
2. 105 s(1 min45 s)。
3. 夜里10点。